50가지 성탄 축제 이야기

50가지 성탄 축제 이야기

Anselm Grün

WEIHNACHTEN

Einen neuen Anfang feiern

Copyright © Verlag Herder, Freiburg im Breisgau, 4. Auflage 2001

All rights reserved

Translated by Seo Myeong-Ok

Korean translation copyright © 2001 by Benedict Press
Waegwan, Korea

Published by arrangement with Verlag Herder
Freiburg im Breisgau

50가지 성탄 축제 이야기

2001년 11월 초판 | 2022년 10월 8쇄
옮긴이 · 서명옥 | 펴낸이 · 박현동
펴낸곳 · 성 베네딕도회 왜관수도원 ⓒ 분도출판사
찍은곳 · 분도인쇄소
등록 · 1962년 5월 7일 라15호
04606 서울시 중구 장충단로 188(분도출판사 편집부)
39889 경북 칠곡군 왜관읍 관문로 61(분도인쇄소)
분도출판사 · 전화 02-2266-3605 · 팩스 02-2271-3605
분도인쇄소 · 전화 054-970-2400 · 팩스 054-971-0179
www.bundobook.co.kr
ISBN 978-89-419-0117-4 03230

안셀름 그륀

50가지 성탄 축제 이야기

서명옥 옮김

분도출판사

차 례

실마리

성탄 때가 되면 어린 시절이 떠오른다. 이것은 단순한 노스탤지어를 넘어선다. 그 배경에는 무염의 시초, 낙원에 대한 그리움이 있다. 태초에 전체가 번쩍 빛났다. 여기, 온전히 충만된 삶에 대한 약속이 메아리친다. 그 삶은 실현될 수 있느니 … .

예부터 교회는 많은 표징들을 빌려 하느님 강생의 신비를 표현해 왔다. 지성은 만족시키나 가슴은 감동시키지 못하는 신학적 사변보다 표징이 차라리 더 적절했다. 성탄 신비에 대한 믿음을 표현하기 위해 그리스도교가 넘겨받은 원형原型적 표징에는 모든 민족과 종교가 지녔던 동경이 스며 있다. 초기 교회는 사람들을 매료시킨 종교적 체험을 진지하게 받아들였다. 그것은 일출

과 일몰, 어둔 밤의 공포, 샛별로 그 어둠을 이길 때의
기쁨 같은 우주적 현상을 통해 그들을 사로잡았다. 이
에 대해 초기 교회는 하느님이 베들레헴 마구간에서 탄
생했다는 나름대로의 메시지로 응답했다. 초기 교회는
성탄 소식을 고대 태양숭배와 관련지어 표현했는데, 그
것이 당시 사람들의 마음을 움직였다. 나중에 교회는
라우내해테Rauhnächte(성탄절과 주님 공현 대축일 사이의 열두 밤)의 유령
들을 무서워했던 게르만인들에게 예수의 탄생을 "승리
의 빛"으로 선포함으로써 그들의 영혼을 뒤흔들었다.
성탄 소식이 전해지는 곳 어디서나 사람들은 자기들의
근원적인 동경과 우주적 체험을 통해 마음의 흔들림을
느꼈다. 이집트인과 그리스인, 로마인과 게르만인, 잉
카인과 일본인, 모두가 빛과 생명, 태양과 별, 탄생과
새로운 시작에 관한 상징적 표현들을 알아들었다.
　복음사가들은 이미 그리스도의 탄생을 사실적으로
전했을 뿐 아니라 사람들의 마음속 예감을 건드리는 표
징들에 옷을 입히기 시작했다.
　루가는 예수의 탄생이 구원과 평화를 동경하던 고대
인들의 마음을 사로잡았다고 이야기한다. 영광은 아우
구스투스 황제에게가 아니라 지극히 높은 곳에 계시는
하느님께 돌아가야 하는 것이다. 하느님이 높은 곳에서
내려오셨으므로 이제 사람들에게는 진정한 평화가 시
작되었다. 그러므로 예수의 탄생은 겨우 무력을 빌려서

만 허망한 평화를 강요했던 황제를 예찬하는 데 대한 반대 프로그램이었던 것이다.

영지주의靈智主義는 처음 몇 세기 동안 널리 유포되었던 정신 사조였다. 그 추종자들은 깨달음과 참삶을 갈구했다. 요한은 하느님 강생 메시지를 이 영지주의의 상상계에다 옮겨 놓았으니, 곧 인간을 비추는 진정한 빛인 생명이 그리스도 안에 나타났다는 것이었다.

교부들은 복음사가들의 이러한 발상을 받아들여 의도적으로 그리스 로마 신들의 축제날 그리스도교 축제를 거행했다.

나는 이 책에서 성탄 신비에 대한 신학적 사변들을 늘어놓고 싶은 마음이 없다. 다만 그대와 더불어 성탄의 신비를 나타내는 표징들을 바라볼 뿐이다. 표징들은 강생의 신비로 가는 길을 가르쳐 줄 것이다. 그 길은 지성을 넘어설 뿐 아니라 온 마음을 뒤흔들어 무의식의 층에까지 이른다. 표징들은 그대가 그리스도교 교의를 삶의 신조로 받아들이도록 요구하지 않는다. 단지 그대 있는 그대로 표징들과 관계 맺기를 바란다. 그대의 그리움, 불안과 곤경, 절망과 희망, 믿음과 회의, 그리고 그대의 세계를 뚫고들어와 그것들을 변화시키려는 어떤 다른 세계에 대한 예감과도 함께.

많은 이들이 해마다 성탄절을 축하하며 잃어버린 어린 시절과 온전한 세상에 대한 믿음이 사라졌음을 아쉬

위한다. 어린날의 성탄절은 그런 세상에 대한 믿음으로 환히 빛났었다. 그들에게는 신비로 점철된 어린이 축제와 화목한 가정공동체에 대한 기억이 있다. 그러나 가버린 축제에 대한 기억이 현재의 축제를 축제답게 해주는 보증수표는 아니다. 우리가 축하해야 할 것이 무엇이고, 그것이 우리에게 주는 의미가 무엇인지 석연치 않다면, 성탄은 필연적으로 실망에 이를 수밖에 없다. 이상과 현실 사이의 괴리가 성탄절보다 더한 축제는 오늘날 없다. 성탄은 낙원과 화목한 가정과 이 세상에서의 정착에 대한 그리움이 마음깊이 사무치는 시기다. 그러나 그 축제의 내용과 관련지을 수 없다면, 성탄의 기쁨은 일지 않는다. 더 깊은 의미에 대한 믿음의 상실과, 인간 관계의 붕괴에서 오는 아픔만이 가슴에 슬픔의 베일을 드리운다.

성탄의 표징에 몰두하면서 그것들을 묘사하려 애쓸 즈음, 나는 꿈을 꾸었다. 꿈속에서 나는 신학생들과 성탄에 대해 토론했다. 몇 가지 신학적 토론이 끝날 무렵 갑자기 이런 질문이 불쑥 튀어나왔다: 성탄을 가리켜 우리가 스스로 새로운 시작을 감행하는 것이라고, 갑자기 우리 안에 있는 모든 것이 새로워지는 것이라고 말하는 것이 어떻게 가능할까? 이런 문제가 제기되자 우리는 모두 단순히 논쟁만 하고 있는 것이 아니라 현실에 접하고 있음을 느꼈다. 갑자기 삶이, 하느님과 인간의 신비가 문제로 떠올랐다. 성탄의 표징들이야말로 이 축제의 성격을 느끼게 하리라고, **새로운** 삶을 가능케 하리라고 말하는 것, 이것이 관건일 거라고 누군가 그랬다. 이 꿈은 그대가 지금 읽고 있는 이 책에 대한 나의 소망을 표현하기도 한다. 그 소망이 실현될지 말지는 내가 판단할 수 없다. 다만 성탄의 표징들이 그대 삶의 본래적 현실로 인도하기를, 어떤 다른 신적인 현실이 그대 삶을 관통하기를, 그대의 가장 절실한 그리움을 통해 가녀린 떨림을 스스로 느끼기를 바란다. 모든 표징들이 그대를 감동시키지는 않을 것이다. 그대 마음을 움직이는 것을 택하라. 그 표징들을, 그대로 하여금 하느님과 삶의 신비를 꿰뚫어볼 수 있게 하는 창문이라 생각하라. 표징들은 그대에게 무엇을 하도록 강요하지 않는다. 그대가 보고 싶어하는 것을 볼 자유를 준다. 그리고 새로운 통찰을 가능하게 한다. 그것들은 어쩌면 그대가 지금까지 간과해 왔을지도 모를 현실을 새롭게 전망할 수 있는 창문을 열어 젖힐 것이다. 그 표징들은 그대가 서 있는 그곳에 그대를 데리러 간다. 이제 그 표징 속으로 그대 내밀한 동경을 투사하라, 그것이 이교도적이든 그리스도교적이든, 종교적이든 비종교적이든간에.

그대 동경의 자취만을 따르라. 그러면 표징들이 그대 삶의 신비를 열어 보일 것이다.

앞서 말한 대로, 새롭고 궁극적인 시작에 대한 우리의 갈망은 대림과 성탄의 상징들을 통해 표현된다. 대림시기에 우리의 갈망은 일상의 표피성을 넘어 우리가 발 디딜 견고한 땅, 하느님의 영역으로 나아간다. 그리하여 우리는 성탄절에 새로운 시작의 축제를 연다. 레오 대종(†461)은 어느 성탄 강론(『성탄·공현 강론집』, 분도출판사 1990 참조 — 역자 주)에서 이렇게 말했다: "지금 우리가 경외하는 마음으로 우리 구세주의 나타나심을 축하하는 것은, 곧 우리 자신의 시작을 축하하고 있음을 드러내는 것입니다." 레오 대종의 이 말은 성탄에 이르러 옛길이 끊어지고 새사람으로의 이행이 완성됨을 뜻한다. 우리 삶이 새로운 속성을 얻은 것이다. 그대는 과거에, 삶의 상흔에, 줄기차게 그대 삶을 방해해 온 세습의 낡은 틀에 붙들려 있지 않다. 하느님 스스로 그대와 함께 새출발 하신다. 그분은 아기의 모습으로 그대의 현실과 관계를 맺으신다. 그분은 그대의 과거를 근거로 그대를 규정지으려는 강압으로부터 그대를 해방시키신다. 그대 인생사의 모습이 어떻든, 그대를 짓누르는 것이 무엇이든, 그대는 떨쳐버리고 새로 시작할 수 있다. 하느님이 친히 그대와 함께 새로 시작하시기 때문이다.

베들레헴 마구간에서의 예수 탄생을 둘러싼 많은 표상들, 이를테면 마구간·구유·동굴·목동·소와 나귀·천사와 별의 표징에는 근원적 인간상과 새로운 모듬살이에 대한 동경이 드러나 있다. 나는 이러한 표상들을 우리 자신의 육화의 상징으로 이해시키려 한다. 이를 통해 영원한 빛의 신적 신비가 현생의 흑암 속에 빛나고 있는 것이다.

또 나는 그 표징들을 매우 의도적으로, 이 전환의 시대에 우리가 그 어느 때보다 강하게 열망하는 새로운 시작의 표징으로 살펴보고자 한다. 모든 시대의 전환기에는 사람들이 힘을 합쳐 더 잘 살아갈 것이라는, 새로운 안목으로 바라보며 주의를 기울일 것이라는, 자신과 세상을 위한 새길을 찾아 그리로 나아갈 것이라는 약속이 있었다. 포스트모더니즘은 이런 소망을 환상이라 폭로하면서, 신랄한 냉소와 풍자를 그것에 첨예하게 대립시켰다. 그러나 이런 태도는 삶이 아니라 체념으로 이끌어갈 뿐이다. 성탄이 보여주는 것은, 오늘날에도 동경이 어떤 포스트모더니즘적 회의懷疑보다 더 강한 것으로 입증되고 있다는 것이다. 모든 의심과 실망에도 불구하고 성탄의 표징들은 시대의 변화와 소용돌이 속에서도 부동의 자리를 찾을 희망을 불러일으킨다. 거기서 우리는 자신과 세상과 더불어 새로운 시작을 기약할 수 있으리라. ⚜

대림 — 다다름

대림은 "다다름"이다. 우리는 예수 그리스도가 세상에 "다다르기를" 기다린다. 교회는 이를 세 가지로 이야기한다: 2000년 전, 탄생을 통해 예수가 오셨고, 오늘 우리 내면에 그리스도가 오시고, 세말의 영광 속에 그분이 오실 것이다. 그러나 그리스도가 오신다고 우리 마음이 움직이나? 차라리 애인이 오는 편이 낫지 않나? 다른 정부, 다른 사회가 도래해야 하지 않나? 도대체 예수의 오심이 삶과 세상에 무슨 힘을 미친단 말이냐?

이런 탄식을 자주 듣는다. "나는 아직 온전히 거기 있지 않아. 일단 다다르게 해줘!"(지금은 마음이 딴데 흩어져 있으니 정신부터 좀 추스르고 보자는 뜻 — 역자 주) 몸 있는 곳에 마음까지 함께 가 있지 못하는 경우가 많다. 아직 마음이 함께

"도착하지" 못한 것이다. 독일어 "안콤멘"Ankommen(도착, 다다름)은 다른 뜻으로도 사용된다. 어떤 사람이 호평을 받고 있다는 말을 들을 때가 있다. 새로 온 상사는 부하 직원들에게 호평을 얻고 있다. 그들에게 받아들여졌고, 인기가 있다는 말이다.

우리는 대림절에 예수 그리스도의 도착하심을, 우리 마음에 다다르심을 축하한다. 그것은 예수께서 우리에게 오신다는 것을, 그분이 우리 가슴의 문을 두드리고 계시다는 것을 의미한다. 물론 우리는 예수께서 이미 오셨음을 알고 있다. 그분은 우리와 함께 머무시려고 2000년 전에 인간으로 이 땅에 오셨다. 그러므로 그분은 이미 오래 전부터 우리 곁에 계신 것이다. 우리가 미사를 드릴 때 그분은 우리 가운데 계시다. 그러나 그분을 "오고 계시는 분"으로 체험하는 것은, 우리가 자신과 함께 있지 못한 까닭이다. 칼 발렌틴Karl Valentin이 이를 적절하게 표현했다. "오늘 저녁에 손님이 온답니다. 그래서 내가 집에 있었으면 해요." 우리는 자주 집을 비운다. 자기 생각과 감정을 가지고 어딘가 다른 곳에 가 있고, 상념을 데리고 산보 나간다. 우리가 우리에게 있지 못하기 때문에, 이미 오래 전에 우리에게 와 계신 그리스도를 "오고 계시는 분"으로 체험한다. 문제는 예수께서 우리에게 실제로 도착하셨는지, 그분의 문 두드림이 성공했는지, 아니면 내가 그분의 도착을 건성으로 듣지나 않았는지 하는 것이다.

독일어 "아벤토이어"Abenteuer(모험)는 라틴어 "아드베니레"advenire(도래하다, 도착하다)에서 왔다. 하느님이 오신다는 것은 우리에게 일종의 모험이다. 우리에게 익숙하던 확실성과 안전성을 무너뜨린다. 많은 동화가 하느님의 도착을 고대하는 사람에 관한 이야기다: 잔칫상을 준비하는데 하필 훼방꾼이 나타난다. 가난한 사람 하나가 문을 두드리며 도움을 청하지만 쫓겨나고 만다. 한 청년이 왔다. 하지만 그는 하느님이 오시기를 기다리는 데 방해가 될 뿐이다. 사실 하느님은 이 가난한 사람들을 통해 오셨거늘, 하느님에 관해 우리가 만들어낸 표상들에 너무 집착한 나머지 그분의 오심을 간과한 것이다. 우리는 늘 어떤 특별한 것을 기다리다가, 하느님이 날마다 우리에게 뭔가를 청하는 사람들, 작은 미소를 선사하는 사람들을 통해서 오시는 줄을 전혀 깨닫지 못하고 만다. 누군가와 만나는 순간순간은 하나의 모험이며 하느님의 도착하심이다. 우리가 열려 있을 때 그것은 특별한 사건이 된다.

사무엘 베케트Samuel Beckett의 희곡 「고도를 기다리며」를 보면, 부랑자 블라디미르와 에스트라곤은 고도Godot라는 한 남자를 헛되이 기다린다. 두 사람은 기다리고 또 기다리지만 고도는 오지 않는다. 급기야는 목을 매달 참이다. 그러나 뜻대로 되지 않는다. 실패한다. 그

때 에스트라곤이 말한다. "그가 온다면?" 블라디미르가
대답한다. "구원되는 거지." 그렇다, 하느님이 오시면
우리는 구원된다. 오늘날 많은 사람들이 이를 열망하고
있다. 그들은 하느님이 오시기를 헛되이 기다린다. 그
분의 오심을 느끼지도 못하면서.

　하느님은 매 순간 오신다. 신비가들은 그렇게 말한
다. 문제는 그대가 그분의 오심을 알아채는 것이다. 그
대 마음이 나지막히 고동칠 때 그분은 오신다. 그분은
문을 두드리고 계시다. 그대의 집에 들어오고 싶으신
것이다. 아마 그대는 자신에게만 너무 열중한 나머지
문 두드리는 소리를 건성으로 들을지도 모를 일이다.
그대가 집에 있으면서 그대 자신과 접하고 있다면, 문
두드리는 소리를 듣고 그분을 집안으로 맞아들일 수 있
을 것이다. 그분이 그대 마음에 들어서면, 그대는 구원
받고, 소외와 내적 분열에서 해방될 것이며, 새로운 방
법으로 자신에게 다가설 것이고, 자신이 누구인지를 알
게 될 것이다. 대림시기는 그대가 자신에게 다가가도
록, 그럼으로써 매 순간, 그리고 그대의 시간이 끝나고
그리스도께서 영광 속에 오실 세말에도, 그리스도께서
그대에게 오실 수 있도록 그대를 초대한다. 그러면 그
대는 영원히 그분과 그대 자신에 머무르면서, 그대가
추구하는 목표에 이르게 되리라. ⚜

기다림

기다림은 늘 대림시기에 요구되는 덕목이다. "주인이 언제 혼인잔치에서 돌아오든지 문을 두드리자 곧 열어 주려고 기다리고 있는 사람과 같아야 합니다"(루가 12,36). 이것은 긴장어린 기다림이다. 뭔가 고대하는 것이 있다. 혼인잔치에서 돌아올 주인, 혹은 슬기로운 처녀와 미련한 처녀의 비유에 나오는 신랑(마태 25,1 이하 참조). 기다림은 사람에게 건강한 긴장을 준다. 기다리는 사람은 하릴없이 시간을 죽이지 않는다. 그는 목표를 겨누고 있다. 그 기다림의 목표는 축제다. 사람됨, 자기됨, 하느님과 하나됨의 축제다. 그러나 우리만 기다리는 것이 아니라, 하느님도 우리를 기다리신다. 그분은 우리가 삶과 사랑에 마음 열 때까지 기다리신다.

독일어 "바르텐"warten(기다리다)은 본래 "바르테"Warte(망루)에 사는 것을 의미한다. "바르테"는 망보는 곳, 감시탑이다. 따라서 기다린다는 것은 누가 오는지 망을 보고 접근하는 모든 것을 살피려고 사방을 둘러본다는 뜻이다. 또 기다림은 마치 "간병인"처럼 누군가를 돌보고 보호한다는 뜻이기도 하다. 기다림에는 두 가지가 필요하다. 시선의 폭과 순간에 대한 주의, 즉 우리가 지금 체험하는 것, 지금 이야기 나누는 사람들에 대한 주의가 그것이다. 기다림은 마음을 넓혀준다. 기다려 보면, 혼자 어쩔 줄 모르고 있음을 느낀다. 애인을 기다려 본 적이 있는 사람은 알 것이다. 그(녀)가 올 때가 되었는지 매 순간 시계를 본다. 애인이 기차에서 내리거나 현관 벨을 울릴 그 순간이 자못 긴장스럽다. 애인 아닌 다른 누군가가 현관에 서 있을 때는 어찌나 실망스럽던지. 기다림은 가벼운 흥분을 동반한 긴장을 야기한다. 그때 우리는 홀로 넉넉할 수 없다. 기다릴 때 우리는, 마음을 흔들고 강하게 때리고 그리움을 충족시켜 줄 사람한테로 몸을 내뻗는다.

기다릴 줄 모르는 사람들이 많아졌다. 그들은 대림시기를 기다림의 시기 아닌, 이미 와 있는 성탄으로 지낸다. 고대하면서 바라보고, 기다림 속에서 성탄의 신비를 향해 마음을 내뻗으려는 대신, 끊임없이 성탄의 축제판을 벌인다. 아이들은 엄마의 식탁기도가 끝날 때까지 기다리지 못한다. 식탁이 차려지기만 하면 바로 먹어야 한다. 초콜릿을 장바구니 안에 넣을 때까지 기다리지 못한다. 분명히 계산대에서 값도 치르기 전에 먹어버릴 것이다. 계산대나 매표구 앞의 사람들도 기다릴 줄을 모른다. 다른 사람들을 밀치고 앞으로 나선다. 이것은 중요한 문제다. 기다릴 줄 모르는 사람은 결코 강한 자아를 발전시키지 못한다. 그는 모든 욕구를 즉각적으로 만족시키려 들 것이 분명하다. 그렇게 되면 욕구에 완전히 종속될 것이다. 기다림은 우리를 내적으로 자유롭게 한다. 욕구가 실현될 때까지 기다릴 수 있을 때, 기다림이 야기한 긴장도 견뎌낼 수 있다. 그것이 너른 마음을 갖게 한다. 뿐만 아니라 삶이 진부하지 않다는 느낌도 준다. 우리가 신비로운 어떤 것을 기다린다면, 그것은 깊은 그리움이 충족되기를 기다리는 것이다. 그때 우리는, 우리가 스스로에게 줄 수 있는 것보다 더 큰 존재라는 것을 알게 된다. 기다림은 본질적인 것이 우리에게 주어져야 함을 보여준다.

그대는 기다릴 때의 느낌이 어땠는지를 기억할 것이다. 그대가 축제에 친구들을 초대했다. 누군가가 너무 일찍 오면 그대 기다림의 긴장은 방해를 받는다. 뭔가 상실된 느낌이다. 기다림의 가벼운 흥분, 곧 있을 화합의 축제에 대한 기대에 찬 즐거움, 축제를 위한 마음의 준비가 빠져 있다. 기다림에 필요한 주의注意가 생략되고 만 것이다. 그때 떠오르는 온갖 기대와 동경들에 마음을 쓸 수가 없다. 그러나 약속된 시간이 되어도 아무도 오지 않으면 그대는 또 낙심한다. 기다림의 활이 지나치게 팽팽해진 것이다. 이런 생각이 든다. "그들은 날 좋아하지 않아. 그들에게는 내가 하나도 소중하지 않아. 나하고도 뭔가를 할 수 있을 텐데. 나보다 더 소중한 딴일이 그들에게 있나봐." 기다림의 긴장이 이루어내는 것은 무엇일까? 그대는 사랑하는 사람이 오는 것을 기다릴 때 어떤 느낌이 드는가? 뭔가 새로운 것이 그대 삶에 들어서지 않는가? 그대는 선물을 받게 될 것이다. 그대는 기쁘게 그 사람을 기다린다. 살아 있음을 느낀다. 강렬한 감정이 그대 안에서 솟아오른다. 하지만 그대 혼자만 기다리는 것은 아니다. 다른 누군가도 그대를 기다리고 있다. 다른 사람이 그대를 기다릴 때, 하느님이 그대를 기다리실 때, 그대에겐 어떤 느낌이 들까? 다른 이들이 그대에게 기대를 걸고 있다. 그대는 그 기대가 부담스러울지도 모른다. 그러나 아무도 그대에게서 무엇인가를 기대하지 않는다면 그대는 자신이 쓸데없는 존재로 느껴질 것이다. 대림시기는 기다림을 통해 그대 마음이 넓어지고, 기다려진 사람으로서 그대가 다시 일어서도록 인도한다. 그대는 귀중한 존재다. 많은 이들이 그대를 기다리고 있다. 그리고 그대가 진실하게 살도록 하느님께서 그대를 기다리고 계시다.

　그렇게 기다리노라면 그대는 성탄을 천진하게 기다리던 때의 느낌을 다시 갖게 될 것이다. 나는 아직도 아기 예수와 성탄 선물을 기다렸던 내 유년의 성탄 전야를 생생히 기억한다. 그것은 특별한 긴장이었다. 아버지와 함께 어둠 속을 산책할 때면 집집마다 온통 촛불이 켜져 있는 것이 보였다. 그런 다음 우리는 위층 침실로 올라가 성탄 종소리가 울릴 때까지 기다렸다. 오로지 촛불로만 빛을 밝힌 거실을 향해 걸어가는 것은 아주 신비스런 체험이었다. 그런 유년의 상황들은 영혼 속 깊이 각인되어, 훗날에도 그 시절의 감정이 다시 마음을 건드릴 때면 언제나 집에 있는 느낌이 들었다. 모든 기다림에는 대림의 흔적이 함께 들어 있을 것이다. 우리네 삶이 어떤 사람이나 사건의 도래로 인해 더욱 밝고 온전해질 것이라는 예감 같은 것 말이다. ⚜

그리움

대림절은 그리움의 시기다. 그리움은 우리 가슴을 깊이 채우고 만족시켜 줄 대상에 대한 애정어린 갈망이다. 그리움은 대체로 사랑과, 그리움으로 넓어지는 마음과 관련이 있다. 아우구스티노에게 그리움은 인간의 기본 정서였다. 인간의 본성은 하느님을 그리워하게 되어 있다. 꼭 그런지 분명하지는 않다. 하지만 모든 현세적 그리움에는 하느님을 향한 궁극적 그리움이 공명하고 있다. 내가 성공과 재산과 부와 인정認定을 열망할 때, 그 갈망은 언제나 이룰 수 있는 것을 넘어서 있다. 어떤 식의 인정도 나의 갈망을 완전히 만족시킬 수 없다. 소유가 날 완전히 평안케 하지도 않는다. 나는 결국 하느님을 그리워하고 있다. 아우구스티노는 이를 고전적인 어투로 표현했다. "나의 하느님, 당신 안에 쉬기까지 우리 마음은 안식이 없나이다."

그리움을 억압하는 사람은 병적 욕망의 노예가 된다. 중독은 억압된 그리움이다. 대림절은 우리의 병적 욕망들을 다시 그리움으로 변화시키는 시기일 것이다. 내적인 종속 상태, 즉 중독을 모르는 사람은 없다. 당장 눈에 보이는 알콜중독, 마약중독, 약물중독, 일중독, 관계중독, 성중독, 도박벽만이 아니다. 어떤 태도나 사물에 종속되는 순간, 우리 안에는 어떤 중독구조가 형성된다. 특정 행위나 사물 없이는 더이상 살 수 없다. 우리의 욕망을 정확히 관찰하여, 그 안에서 우리의 그리움을 발견해내는 것이 예술의 본질일 터이다. 그 그리움은 우리의 욕구가 일상적이고 진부한 것을 넘어 무엇을 지향하는지를 보여준다. 결국 그 안에 도사린 것은 고향과 안전에 대한, 잃어버린 낙원에 대한 그리움이다. 그러나 이는 그릇되고 불건전한 진보, 미성숙과 퇴행의 표출이 아니다. 그저 뭔가 다른 것을 보여줄 뿐이다. 그것은 이를테면 우리가 우리 안에 머물며 하느님을 우리 안에 거하시는 신비로 인식할 때만 삶과 투쟁할 수 있다는 예감 같은 것이다.

대림시기를 통해 내 그리움과 접하게 되면 삶의 범속함과 화해하면서 내 스스로 만든 삶의 환상들과는 결별한다. 직업은 나를 완전히 충족시킬 것이며 가족들은 언제나 화목할 것이고 나는 늘 성공만 하며 모두가 날 사랑하리라는 환상 말이다. 이런 환상을 끝내 버리지 못하는 사람들이 많다. 그리하여 삶이 그들을 충족시키지 못할 바에야 차라리 장밋빛으로 그려버림으로써 삶을 억압한다. 남에게 부풀려 이야기하기를 즐긴다. 실제보다 더 실감나게 표현한다. 그들에게는 모든 것이 다 특별나다. 자신에 관해서 말할 때는 늘, 지금 자기에게 일어나고 있는 사건이 얼마나 대단한 것인지를 이야기한다. 그렇게 함으로써 자기들이 심각한 위기에 처해 있음을 은폐하려는 것이다. 그들은 삶의 진부함에 눈감아버리고, 상황을 과장해서 묘사함으로써 자신이 특별하다는 환상을 고수한다.

그리움은 긍정적인 효과를 발휘한다. 그것은 내 삶에 과도한 기대를 걸거나 내 소망으로 다른 사람들을 압박하는 것을 막아준다. 나는 있는 그대로의 일상과 화해하고 사람들을 있는 그대로 받아들일 수 있다. 직장 동료에게나 배우자에게나 매한가지다. 그리움은 나를 이 세상 너머로 이끌어 간다. 현세의 피안에 있어서 세상이 어쩌지 못하는 그 무엇이 내 안에 존재한다. 그런 까닭에 그리움은 나를 세상의 속박에서 풀어준다. 나는 누구도 내 가장 내밀한 그리움을 채워줄 수 없다는 것을 인정한다. 이런 태도로라면 사람들과의 자유로운 만남이 가능하다. 너무 높은 기대치로 사람을 고정된 이미지에 밀어넣는 일은 이제 없다. 그리움은 타인에 대한 편견 없이 나를 열게 한다. 하여, 끊임없는 소유욕에서 풀려나 만남과 관계를 향유할 수 있다. 타인은 내게 하느님일 필요가 없다. 그저 하느님께로 향하는 길을 일러줄 뿐이다.

"그대가 배를 만들고 싶다면, 사람들에게 망망대해에 대한 그리움을 가르쳐라." 생텍쥐페리의 유명한 말이다. 그리움에는 우리를 매우 구체적으로 유토피아에 다가가게 하는 힘이 숨어 있다. 그리움은 중세인들에게 높은 고딕식 건물을 짓게 했다. 이런 건축 양식은 그리움의 산물이다. 음악 또한 마찬가지다. 음악은 하늘의 창을 연다. 모든 예술은 결국 영원의 출현이며, 전에 없던 것, 온전히 다른 것에 대한 그리움의 표현이다. 그리움은 우리가 다른 세계에 무심할 작정으로 둘러쳐 놓은 철의 장막을 분쇄하고 콘크리트를 무너뜨릴 힘이 있다. 그리움은 우리의 편협한 세계를 열어젖힌다. 우리 위로 지평을 열어 둔다. 그리고 삶의 경악스런 사실들을 숨기지 않는다. 우리로 하여금 그 사실들에 절망하지 않고 실제를 볼 수 있는 희망을 믿게 한다.

대림시기에 그대 가장 깊은 그리움이 무엇인지를 거듭 물어보라. 그대 그리움과 접할 때 그대 마음은 넓어질 것이다. 비록 그대를 둘러싼 모든 것이 답답해도 그대는 자유를 느낄 것이다. 고향과 안전, 참삶과 참사랑

을 그리는 그대의 그리움을 믿어라. 대림성가를 부르거
나 이사야 예언자의 성서 구절을 들을 때, 그 말씀들은
그대 안에 침잠하여 그대 그리움을 자극할 것이다. 그
리움은 삶을 넓히며, 그대를 생명의 샘가로 인도할 것
이다. 바로 그대 안에서 솟아나오므로 주변의 빼곡한
돌들이 막을 수 없는 그 생명의 샘가로.✦

깨어 있음

" '깨어나라', 그 음성 우리를 부르네." 널리 애창되는 대림성가다. 대림은 깨어남이다. 하느님의 오심은 잠에서 깼을 때, 삶의 환상들을 버릴 때 감지된다. 대림은 멋진 백일몽으로 도피하는 것이 아니라 현실에 눈뜨는 것이다. 그 본질적 현실이 하느님이다. 그러나 우리는 많은 시간 잠들어 있고 꿈속을 헤매고 있어서 하느님을 느끼지 못한다. 날마다 그분이 우리에게 어떻게 오시는지, 그분의 치유와 사랑의 현존이 사방에서 우리를 어떻게 감싸고 있는지 알아채지 못한다.

중요한 것은 단순히 잠에서 깨는 것이 아니라 "깨어 있음"을 삶의 기본자세로 삼는 것이다. 독일어 "바헨" wachen은 원래 "활발하고 생기있다"라는 뜻이다. 깨어 있는 사람은 매 순간을 의식적으로 체험하며, 온전히 현재를 살고, 생기에 넘친다. 명징한 정신은 깨어 있음에서 온다. 약물, 과소비, 오락 등에 취하지 않는 사람은 깨어 있다. 대림시기 동안 많은 이들이 스스로 만든 분망함에 넋이 빠진다. 일년 내내 미루어 두었던 편지 답장들을 한꺼번에 해야겠다고 생각한다. 대림시기에는 일부러라도 냉정과 각성의 태도를 실천해 보자. 그대가 깨인 의식으로 도시의 붐비는 거리를 걷노라면, 얼마나 많은 이들이 하릴없이 쫓기고 있는지, 얼마나 많은 이들이 분망함으로 본래의 현실에서 멀어지고 있는지 알게 될 것이다. 주의와 깨어 있음은 성탄에서 정말 중요한 것이 무엇인지를 가르쳐 줄 것이다.

대림시기에는 주님이 언제 오실지 모르니 슬기로운 처녀나 충실한 종처럼 깨어 있어라는 성서의 권유를 자주 듣는다. 주님은 우리를 잔치에 초대한 신랑처럼 밤중에 오신다. 잠들어 있으면 하느님과 하나되는 육화의 축제를 놓치게 된다. 주님은 밤중에 도둑처럼 오신다. "도둑이 밤 몇 시에 올지 집주인이 안다면 깨어 있어서 도둑이 집을 뚫고들어오도록 내버려 두지 않을 것입니다"(마태 24,43). 주님께서는 소문 없이 오시므로 우리는 밤에도 깨어 있어야 한다. 그분은 도둑처럼 은밀히 오신다. 그러므로 깨어서 매 시간 그분이 오신다 생각하고 있을 때만 그분을 집으로 모실 수가 있다.

깨어 있다는 기본 덕목이 대림절에만 국한되는 것은 아니다. 밤에 깨어 있었던 목동들의 이야기를 우리는 성탄절에도 듣는다. 메시아 탄생의 복음이 그들에게 선포된 것은 그들이 깨어 있었기 때문이다. 작심하고 깨어 있는 것이 아니면 어떠랴. 한밤중에 일어나 잠못 이룰 때, 불면에 몸서리치지 말고 그 기회를 진지하게 받아들여 의식적으로 깨어 있어 보라. 밤의 정적과 그대 가슴에 귀기울여 보라. 하느님께서 그대에게 무슨 말씀을 하시려는지, 그대에게 복음을 전하기 위해 어떤 천사를 보내셨는지, 왜 수도승들이 밤새 깨어 있기를 그리도 기꺼워했는지 짐작할 수 있을 것이다. 깨어 있을 때 비로소 우리 마음을 사로잡으시려는 하느님의 신비에 민감해지기 때문이다. ✢

이슬

이 노래, "하늘아, 의인들에게 이슬을 내려라"는 내 유년 시절부터 소중한 대림절의 체험이었다. 물론 나는 어렸으므로 이슬이 상징하는 바에 대해서는 별 생각이 없었다. 그것은 뭔가 신비스럽고 마음을 끄는 상징이었지만, 그 의미는 내게 낯설었다. 그리고 하늘이 어떻게 의인들에게 이슬을 내리는지 어린 나로서는 도저히 알 수 없는 노릇이었다. 그럼에도 불구하고 그것은 나를 매료시켰다. 명백히 그 노래는 내 안에 있는 깊은 그리움을 건드렸고, 내게 어떤 예감을 전했다. 말하자면 모든 것이 더 잘될 것이고 내 삶 속에 어떤 다른 것이 뚫고들어옴으로써 삶이 새로워지고 올바르게 될 것이라는 예감이었다.

　팔레스티나 사람들에게 이슬은 중요한 상징이었다. 보이지도 않고 알아챌 수도 없이, 이슬은 밤중에 메마른 농토 위에 내린다. 사막도 아침이면 온통 이슬로 뒤덮인다. 이른 아침 햇살에 이슬이 반짝인다. 따뜻한 아침 햇살을 머금은 이슬 방울은 마치 귀한 진주 같다. 그리스인들에게 이슬은 사랑의 상징이며, 페르시아인들에게는 처녀의 상징이다. 사랑의 이슬은 황량하고 메마른 가슴을 비옥하게 한다. 다시 생생하게 되살아나기 시작하는 것이다. 이슬은 처녀스런 것, 부드러운 것, 무구한 것, 온전한 것, 흠없는 것을 상징한다. 처녀의 몸에서 태어난 그리스도처럼 이슬은 페르시아인들에게 새롭게 하고 구원하는 신의 힘을 상징했다. 하느님은 이슬을 통해 이 세상의 근원적인 것을 다시 만들어내신다. 낮의 열기가 삶을 메마르게 한다면, 밤에는 만물을 새롭게 하는 하느님의 이슬이 내려 우리를 청량하게 만든다. 그 이슬은 우리 안에 새로운 생명을 일깨운다. 이스라엘인들에게 이슬은, 하느님이 몸소 인간들을 돌보시고 우리 안에 있는 메마른 것을 당신 사랑의 부드러운 이슬로 비옥하게 하시며 그분께서 우리 안의 새로운 생명을 꾀어내신다는 것을 상징했다.

　여름날 아침 이슬에 젖은 초원을 지날 때, 그대는 더욱 신선한 생기를 느낄 것이다. 맨발로 초원을 달려보면 그대의 온몸이 상쾌해질 것이다. 뿐만 아니라 그대는 초원을 그저 바라보고만 있어도 이슬 방울들이 펼치는 빛의 유희에 경탄하게 된다. 그것은 건드려지지 않은 자연 그대로의 것이다. 그대는 이런 신비가 파괴될까 두렵다. 바로 그것이 그대로 하여금 무심히 바라보고, 음미하고, 경탄케 하는 것이다. 여름 아침이면 영혼은 다시 즐거워진다. 이때는 이런 시편 구절이 너끈히 이해될 것이다: "저녁에 눈물 흘려도, 아침이면 기쁘리라"(시편 30,6). 이슬은 영혼에서 지난날의 근심을 씻어내고 새것처럼 보이게 한다.

대림성가를 부르며 우리는 그 옛날 대림송가가 그러했듯 하늘이 의인들에게 이슬을 내려 주시기를 노래한다. "하늘아, 높은 곳에서 정의를 이슬처럼 내려라. 구름아, 승리를 비처럼 뿌려라"(이사 45,8 참조). 우리 안의 메마른 것을 다시 꽃피우는 이슬을 그리워하듯, 우리는 어떤 저의도 거짓도 혼탁함도 없이 자기 안에 바르게 조화되어 있는 의인들을 동경한다. 똑바로 자신의 길을 좇는 사람, 스스로 바르게 있는 사람, 올바로 살아가는 사람을 동경한다. 그대는 자신을 불의한 사람이라고 느낄지 모른다. 그대 안의 많은 것들이 조화되어 있지 않은 것이다. 그대의 이웃 사랑에서조차 이기적인 동기들이 섞여들어 있다. 그대는 잘 보이기 위해 선을 행한다. 그러나 의로운 것, 순수한 것, 진정한 것, 철저하게 조화된 것은 그대에게서 멀리 있다. 그러므로 대림을 통해, 그대 또한 의롭게 되기 위해, 그대 영혼의 메마른 농토 위로 의인이 내려오시기를 갈망하고 있는 것이다. 그대는 의롭기를, 바르게 살기를, 다른 사람을 좇지 않는 삶을 통해 똑바로 걸어가기를 갈망한다. 하늘이 이슬을 통해 의인을 비처럼 내려주시면, 그대 또한 바르고 의롭게 살 수 있다, 정직하고 올곧게. 그러면 그대 마음은 하느님 사랑의 이슬로 새로운 활력을 얻게 될 것이다. ✤

사막

대림 2주, 우리는 이런 말씀을 듣는다: "광야에서 부르
짖는 이의 소리니라. '주님의 길을 마련하고 굽은 길을
바르게 하여라!'"(마르 1,3). 요한이 광야에 나타난다. 대
림의 음성이 광야에 울려 퍼진다. 대림은 우리의 사막
이 변하여 꽃피우기 시작할 것을 약속한다. 오늘날 사
막은 우리 존재의 정서를 상징한다. 모든 것이 공허하
고 황량해질 때, 우리는 도시의 콘크리트 사막을, 마음
속의 사막을 이야기한다. 사막은 고독과 홀로 남겨짐을
상징한다. 사막은 곧 무의미, 관계 단절, 메마름이다.
4세기 수도승들에게 사막은 악령의 장소였다. 그곳에
는 어둠이 떠돌아다니고, 악이 사람에게 손 내밀었다.
오늘의 눈으로 보면 이렇게 말할 수 있다: 폭력과 불

신, 착취와 파괴의 시대 정신이 지배하는 곳. 사막이라는 단어에 어울리는 것으로 다음과 같은 것들이 있다: "황량한, 개간되지 않은, 사람이 살지 않는, 고독한, 난폭한, 자제력 없는, 추한, 꺼림칙한." 이 말들로 오늘날의 우리 영혼 상태도 그릴 수 있다. 우리는 내면의 고독과 공허를 감지한다. 우리는 정처 없으며 그 어디에도 집이 없다. 우리 얼굴을 추하게 만드는 난폭하고 자제력 없는 힘들이 우리 안에 있다. 우리 자신과, 우리의 꺼림칙한 현실과 가차없이 대결하게 되는 곳, 거기가 사막이다.

이런 마음의 사막에서 우리는 주님의 길을 준비해야 한다. 주님의 길을 닦기 위해서는 우선 자신의 사막으로 들어가야 한다. 우리 안의 모든 억압된 것, 억눌린 것, 그늘진 것을 바라보고 그것을 하느님께 내밀어야 한다. 바로 거기서 하느님은 우리에게 오신다, 바빌론의 화려한 거리, 성공과 성취의 거리에서가 아니라 바로 거기서. 우리는 우리 밖에서, 이를테면 경건한 미사나 뜻을 같이하는 사람들의 공동체 안에서 하느님을 뵈오려 한다. 그러나 하느님은 바로 우리 내면의 사막에서 오신다. 그곳에서 우리와 함께 구원의 축제를 즐기시기 위해, 우리와 하나되어 내면의 모든 것을 변화시키시기 위해 우리를 만나려 하신다. 우리가 하느님을 우리의 사막으로 들어오시게 할 때만 이사야의 약속은 실현될 수 있다. "메마른 땅과 사막아, 기뻐하여라. 황무지야, 내 기쁨을 꽃피워라. … 사막에 샘이 터지고 황무지에 냇물이 흐르리라. 뜨겁게 타오르던 땅은 늪이 되고 메마른 곳은 샘터가 되리라"(이사 35,1.6 이하). 우리의 사막에서 샘이 솟겠지만 사막은 그대로 있다. 우리는 샘 주위를 맴돌며 늘 자신의 사막에 함몰하고 내면의 공허와 대결하게 될 것이다. 그러나 대림은 사막에서 우리가 마실 샘을 발견할 것을 약속한다. 그 샘은 우리의 사막을 비옥하게 하기에 충분하다.

사막은 공허와 무의미와 유혹과 시련의 장소일 뿐만 아니라 야훼와 당신 민족 사이의 첫사랑의 장소이기도 하다. 사막은 하느님을 체험하고 만나는 곳이다. 사막에서 하느님은 수많은 기적을 일으키신다. 하여, 그대 또한 대림시기에 사막으로 들어갈 용기를 내기를. 그리고 하느님이 그대 가까이 계심을, 그분께서 그대를 당신 손에 받쳐들고 계심을, 마치 삶의 의욕을 잃고 사막에서 죽으려 했던 엘리야에게 그러셨듯이 그대에게 천사를 보내신다는 것도 거기서 경험할 수 있기를. 그 천사의 인도로 사막을 통과하기를. 그가 그대의 눈을 열어 사막을 꽃피우는 샘을 발견하기를. 그대와 하나되어 그대 안에 사시고자 그대를 기다리고 계신 하느님을 그대의 사막 한복판에서 체험하기를. ❧

단식

단식은 광야에 어울린다. 모세는 광야에서 40일을 단식했다. 엘리야는 호렙 산에서 하느님을 체험하기까지 40일을 먹지 않고 광야를 헤맸다. 예수도 광야에서 단식하셨다. 단식은 광야 체험을 돕는다. 중세 수도원에서는 11월 11일 성 마르틴 축일부터 성탄절까지 단식했다. 대림시기는 꼭 제2의 사순시기 같았다. 사람들은 단식으로 주님의 오심을 준비했다. 요즘도 많은 사람들이 대림시기의 한 주간을 단식에 할애하고 있다. 성탄 때 하느님의 좋은 선물을 누리려고 이 시기에 의식적으로 술이나 과자를 끊는 사람도 있다. 옛날에는 성탄 과자가 겨울을 이기는 강장제였다. 그때는 모든 것이 하느님이 당신 아들을 통해 사람들에게 풍성한 선물을 베푸셨음을 표현하는 값진 물건들이었다.

단식은 영혼과 육신을 정화한다. 예전에는 단식을 종종 부정적으로, 단순한 포기로 여기곤 했다. 단식을 경험해본 사람은 한 주간의 단식이 자신을 의식적으로 더 민감하게 각성시킨다는 것을, 자신을 더 자유롭고 생기 있고 열린 사람으로 느끼게 한다는 것을 안다. 처음 며칠은 아무래도 힘이 든다. 그때는 일부러라도 결연한 결정을 내려야 하며, 내적 준비를 단단히 갖추어야 한다. 초기에는 심한 공복감과 함께 보통때보다 더 심한 피로를 느낀다. 그러나 사흘이 지나면 공복감은 사라지고 더 많은 각성과 자유를 체험하게 된다. 많은 수면이 필요없다. 꿈은 더 강렬하게 꾼다. 기도도 더 잘할 수 있다. 그때는 영육이 거추장스러운 갖가지 짐들을 벗어던지게 된다. 더이상 내 문제의 주위를 맴돌지 않으며, 그것을 하느님께 내어드린다. 단식은 문제를 혼자 해결하지 못하겠다는 무력감의 표현이다. 무력감을 느낄 때는 나 자신을 하느님께 맡김으로써 평정과 자유를 체험한다.

대림시기 동안 하루쯤 의식적으로 누군가를 위해 단식해 보라. 단식중에 그대는 그와 하나임을 느낄 수 있을 것이다. 그에게 무엇이 필요한지, 무엇이 그에게 유익할지, 그가 무엇 때문에 괴로워하며, 무엇을 그리워하는지 생각해 보라. 단식은 그대가 기꺼이 기도해 주고 단식해 주고 싶어하는 그 사람을 종일토록 기억나게 한다. 그것은 별 부담 없이 머리 속으로만 하는 기도가 아니다. 그것은 살아 있는 간구다. 그대는 영육간 전 존재를 다 바쳐 그 사람에 몰두한다. 내가 누군가를 위해 단식하고 기도할 때, 내 안에는 그이 내면에 어떤 변화가 일어날 것이라는 희망이 싹튼다. 나는 새로운 눈으로 그를 보고 새로운 방식으로 그를 만나게 될 것이다. 그리고 이러한 단식 기도가 그와의 새로운 연대감을 형성하리라는 것을 어렴풋이 깨닫는다. 한 번 생각해 보라, 그대는 누구를 위해 기꺼이 단식할 수 있는가? 주위 사람들 중 누가 먼저 떠오르는가? 목하 "냉전 중"이라 말걸기가 다소 껄끄러운 배우자인가? 아니면 그대가 이해 못할 길을 가는 자녀들인가? 그러나 그대는 자신이 무기력하다고 느낀다. 그대의 말이 그들에게 가닿지 않는 것이다. 혹은 그대 주위에 성탄절을 어찌 보낼지 겁나 그것으로부터 달아나버렸으면 제일 좋겠다는 사람은 없는가? 상처喪妻한 남자는 아내 없이 어떻게 성탄 축제를 지내야 할지 앞이 캄캄하다. 남편에게 버림받은 여인은 성탄절에 고독과 마주하게 될 것이다. 가족과 지냈던 아름다운 성탄 축제는 더이상 아무 의미가 없다. 이제 그녀는 혼자다. 그대가 그런 한 사람을 위해 단식한다면, 어떻게 그를 만나고 어떤 연대감의 징표를 선사할 수 있을 것인지도 떠오를 것이다. ⚜

바르바라 가지 — 겨울 꽃

여러 지방에서 성녀 바르바라 축일(12월 4일)에 벚나무 가지를 잘라 꽃병에 꽂아두는 풍습이 있다. 성탄절이 되면 그 가지가 꽃을 피운다. 옛 이교도 시대부터 전해오는 관습이다. 한겨울의 암흑과 추위 속에서 마른 나뭇가지가 물기를 머금으면, 가지는 꽃을 피워 생명의 표징을 보여준다. 우리 내면도 그러하다. 꿈속의 겨울 상징들은 대개 우리 영혼의 상태를 반영한다. 우리 내면이 차가워졌다. 가슴이 차다. 감정이 얼어붙었다. 우리 안에 살아 있는 것이라고는 아무것도 없다. 바르바라 가지는 바로 겨울의 한복판에서도 새 생명이 꽃피게 되리라는 희망을 공고히한다. 언젠가 한 여인이 내게 눈 덮인 지방을 걸어간 꿈 이야기를 해준 적이 있다. 그녀는 눈 속에서 민들레를 보고 기이하게 여겼다. 꿈 이야기를 주고받는 동안 눈(雪)은 그녀의 얼어붙은 감정을, 민들레는 그녀 안에 봄이 오기 시작함을 의미한다는 것이 명백해졌다. 눈 속에 새로운 생명이 싹트고 있었던 것이다. 옛 독일의 성탄 노래가 그런 상징적 표현을 담고 있다: "추운 겨울 한밤중에 작은 꽃송이가 피었네."

그대 정원에서 나뭇가지들을, 벚나무 가지나 개나리 가지를 찾아 보라, 그리고 그것을 12월 4일 성녀 바르바라 축일에 큰 꽃병에 꽂아 그대 방안에 놓아두라. 대림절 내내 그대 안에서 모든 차가움이 사라지고, 그대 안의 한겨울에도 꽃이 핀다는 걸 알게 해주리라. 옛 전통에 따르면 바르바라 가지는 사랑의 가지다. 그것은 사랑이 죽음보다 강하다는 것을, 비록 지금은 그대 안의 모든 것이 차갑다 해도 결국 사랑이 승리하게 된다는 것을 뜻한다. 그리고 그대가 아주 사랑하지만 그에게는 모든 사랑이 사라진 듯 보이는 그대 이웃에게도 사랑이 다시 피어나, 식고 경직된 관계가 다시 살아날 것이라는 희망을 선사한다.

초기 교회는 나뭇가지들을 물에 담궈 따뜻한 집안에 세워두는 옛 이교도의 관습을 그리스도교화(化)한 다음 새로운 내용을 부여했다. 사람들은 그 관습을 성녀 바르바라라는 인물과 결합시켰다. 바르바라는 아주 신비스러운 성녀다. 그것은 "이방인"이라는 의미의 이름에서도 나타난다. 이방인은 그 나라 말을 못하는 사람이며, 따라서 어쩔 수 없이 말을 더듬는 사람이다. 그리스도교 신자들은 자기들을 이 세상에서 "이방인"으로 여긴다. 그들은 자기들이 다른 세상에서 온 사람들이라는 의식 속에서 살고 있다. 그러므로 이 시대의 피상적인 언어와는 다른 언어로 말한다. 우리는 오늘날, 언어의 제약을 받는 숱한 정보들과는 전혀 다른 무엇을 우리의 언어로 표현하려 한다. 우리의 언어는 말로 표현할 수 없는 것, 신비스러운 것, 아주 다른 것, 신적인 것을 표현하고자 하며, 그것을 말함으로써 우리가 이 세상에 현존하게 되는 것이다.

성녀 바르바라는 부유한 그리스인의 딸이었다. 아버지는 그녀를 자신의 교육 이념에 맞게 가르치려 했다. 그래서 딸이 다른 생각을 떠올리지 못하도록 탑에 가두어 버렸다. 비록 바르바라가 탑에 감금되기는 했지만 아버지의 편협한 사고 체계 안에 감금된 것은 아니었다. 그녀는 철학자들을 불러 함께 토론하는 과정에서 그리스도교 신앙의 정당성을 확신하게 된다. 그리고 세례를 받는다. 분노한 아버지는 총독에게 딸을 넘겨준다. 달아날 수가 있었지만, 결국 발각되어 고문을 당한다. 밤에 천사들이 와서 상처를 치료해 준 덕분으로 아침에는 상처받기 전보다 훨씬 더 아름다운 모습이 된다. 그것은 하느님이 우리에게 당신 천사를 보내시면 우리의 상처가 변화될 수 있다는 것에 대한 아주 인상 깊은 상징이다. 천사들이 옥중의 그녀에게 저녁식사를 차려준다. 원기를 회복한 그녀는 몸과 마음의 아름다움을 지닌 채 죽음을 맞이한다. 그녀는 임종자들의 수호성인으로, 성작과 함께 그려진다. 희망과 새 생명의 녹색 옷을 입고 있는 그녀는 사제의 모습이다. 바로 우리 불안의 감옥에 천상의 생명을 가져다주는 것이다. 여성으로서 그녀는 우리가 죽을 때 추위와 암흑 속에서가 아니라 어머니 같은 하느님의 부드러운 품에서 죽는다고 일러준다. 또 사제로서 그녀는 우리의 삶에 깃든 하느님의 흔적을 밝혀내고, 신적인 것과 세속적인 것을 결합시키며, 하느님의 생명이 우리 안에서도 꽃피도록 우리를 변화시킨다.

그러므로 우리 그리스도인들에게 바르바라 가지는 겨울 추위 속에서 새 생명을 꽃피운다는 것 이상의 의미를 지니고 있다. 그 가지들은 우리가 옥중에 있다고 느끼고, 상처받고, 거부되고 배척될 때조차, 우리의 삶이 그리스도로 말미암아 언제나 풍요롭다는 희망의 상징이다. 성녀 바르바라의 녹색 옷은 우리 내면의 삶을 거듭 새롭게 하는 녹색의 힘, 성녀 힐데가르트 폰 빙엔Hildegard von Bingen의 푸르름viriditas이 있다는 것을 보여준다. 이러한 생명은 죽음으로도 파괴되지 않는다. 바르바라는 죽음을 거쳐 하느님께 이르기까지 사랑과 부드러움으로 우리를 동반할 것이다. 그녀는 한겨울 추위 속에 사랑의 온기를 불러일으키는데, 이는 우리 안에 죽어 있는 것마저도 다시 꽃피울 것이다. ✤

니콜라오

니콜라오 축일은 어린이 축제다. 세월 따라 이 성인을 두고도 갖가지 왜곡이 있었지만, 이 사람 본래의 신비를 아는 것이 중요하다. 그는 러시아에서 마리아와 더불어 가장 공경받는 성인이다. 사람들은 그에게 매료되어 이콘으로 표현했다. 내 방에도 니콜라오의 이콘이 걸려 있다. 자신이 곧 사랑이 되어 온화하고 자애로운 빛을 발하는 한 사람이 거기 그렇게 나를 만나고 있다. 니콜라오는 어려운 사람의 손을 잡아주고, 남몰래 도와주는 자애로운 아버지 상을 지닌 사람이다. 그는 어려울 때 도움을 청할 수 있는 사람으로 통한다.

그의 인격을 둘러싸고 전해지는 모든 이야기들이 우리 삶에 깊은 의미를 준다. 한 가난한 이웃이 세 딸을 창가娼家에 팔려고 하자 니콜라오는 세 개의 금덩이를 창문 너머로 던져, 딸들이 모두 넉넉한 결혼 지참금을 준비할 수 있게 한다. 그는 자신이 살기 위해 딸을 이용하는 것이 그 아비에게 어떤 어려움을 초래할 것인지 알았던 것이다. 그리하여 딸들이 더는 아버지의 목적에 이용되지 않고 각자의 길을 갈 수 있도록 그 일에 참견한다. 부정적인 아버지 상과는 대조적으로, 니콜라오는 자녀들로 하여금 자신의 동경을 좇을 수 있게 자유로이 놓아주는 아버지 상을 나타낸다.

한 여인이 니콜라오가 주교로 선출될 것이라는 소문의 진상을 확인하기 위해 서둘러 교회로 갔다. 집에 돌아와 보니, 자기 아이가 아궁이에 너무 바싹 다가가는 바람에 심한 화상을 입은 것이었다. 그녀는 아이를 안고 니콜라오에게 달려갔고, 그가 아이를 축복하자 아이는 다시 성한 몸이 되었다. 자신의 궁금증이 더 중요하여 아이를 소홀히했던 어머니, 그녀는 너무 자신에게만 열중한 나머지 아이 생각은 잊어버렸다. 부성의 사람 니콜라오가 여기서는 어머니도 대리하고 있다. 모성도 지니고 있는 것이다. 그는 어린이들이 치유될 수 있는 분위기를 자아낸다.

니콜라오는 죄없이 유죄판결을 받은 세 시민의 편에도 섰다. 그는 사형집행인에게서 칼을 낚아챈 뒤 재판관에게 판결의 근거를 공개하라고 요구했다. 재판관은

벌벌 떨며 무릎을 꿇고 잘못을 고백하면서 황제에게는 그 사실을 알리지 말아달라고 빌었다. 니콜라오는 유죄 판결을 받은 황제 휘하의 세 지휘관 편에 선 적도 있다. 그는 정의로운 사람이다. 무고한 사람들이 유죄판결을 받는 것을 그냥 방관할 수가 없다. 그는 자식들 모두를 정당하게 평가하고, 그들이 올바르게 살아갈 수 있도록 권리를 찾아주는 아버지다.

이 이야기들에 비추어 그대를 들여다보고 자문해 보라. 언제 자신을 위해 자녀나 친구들을 이용했고 언제 그들을 자유롭게 놓아주었는지, 또 그대의 부성과 모성을 등한히한 적은 없는지. 그러면 니콜라오는 그대의 부성적인 면과 모성적인 면을 고루 발휘할 수 있는 용기를 줄 것이다. 그대 안에는 든든한 후원자로서 삶에 용기를 심어주는 원형적 아버지 상이 있다. 또한 다른 이들에게 안전과 고향을 제공하고, 그들을 양육하며 상처를 치유하는 어머니 상도 있다. 그리고 그대 안에는 다른 이들의 곤경에 눈길을 주는 순수하고 의로운 사람이 있다. 니콜라오 축일에 과자를 선물하는 관습은 대단히 뜻이 깊다. 자신만을 보지 말고 삶의 비통에 신음하고 있는 이들도 보라. 어떻게 그대가 그들의 삶을 달콤하게 만들 수 있는지 그대 안의 니콜라오가 일깨워 줄 것이다. ⚜

원죄 없이 잉태되신 마리아

대림시기 중간 즈음 가톨릭 교회는 성탄의 중요한 일면
이 드러나는 축일을 지낸다. 많은 이들이 이 축일을 어
떻게 생각해야 할지 감히 엄두를 못 내고 있다. 그것은
다름 아닌 원죄 없이 잉태되신, 복되신 동정 마리아 대
축일이다. 마리아가 그리스도를 바라보며 원죄 없이 잉
태되었다는 교의를 우리의 현실로 옮겨놓으면, 우리 역
시 그리스도를 바라보며 원죄 없이 살 수 있다는 것을
의미한다. 우리 안에 그리스도가 계신 그곳에서 죄는
힘을 잃는다. 그리스도가 거처하고 계시는 우리 내면의
공간에 죄와 잘못은 들어설 틈이 없다. 거기서는 죄가
힘을 빼앗기고 만다. 마리아를 통해 우리는 우리 자신
의 본질을, 즉 예수 그리스도를 통한 우리 구원의 신비

를 묵상한다. 우리가 마리아를 간계도 저의도 속셈도 없이 하느님을 영접하는 순수한 사람으로 기리는 것과 같이, 우리 안에도 순수무구하고 무염무결한 무엇이 있다는 것을 믿는다. 우리는 자신을 죄인으로만 느낄 것이 아니라, 하느님이 예수 그리스도를 통해서 변화시킨 사람으로 느껴야 한다.

이날 교회가 지내는 축제는 다분히 낙천적이다. 그 축제는 성탄이 발하는 광채에 어울리며 성탄의 빛이 우리의 불완전함까지 비추게 한다. 순수하고 흠없는 우리 자신을 체험하는 경우는 몹시 드물다. 선행을 베풀 때도, 타인에게 좋은 반응을 얻고 싶고 우리를 드러내고 싶은 저의가 숨어 있다. 알다시피 우리에게는 있는 그대로의 모습보다 더 잘 보이고 싶은 성향이 있다. 이웃 사랑에도 이기적인 동기가 은근히 스며 있다. 우리는 마리아에게서 우리 자신의 구원의 신비를 본다. 우리 안에는 혼탁과 허위만이 아니라, 순수무구한 본질, 죄악에 물들지 않은 그 무엇도 있다. 축일 독서 에페소서는 이렇게 말한다: “창세 전에 그리스도 안에서 우리를 뽑아 당신 앞에서 사랑으로 거룩하고 나무랄 데 없도록 하셨습니다”(에페 1,4). 우리 안에 그리스도가 계시면 우리는 흠없이 존재한다. 비록 자신의 거짓과 교활한 술책을 안다 하더라도, 우리 안에 온전히 순수무구한 무엇이 있다는 것을 믿을 수 있다. 우리 안의 뭔가는 온전하며, 남김없이 하느님의 사랑을 투과시킨다. 마음속 그리스도가 계신 자리에 우리를 갈가리 찢어놓는 죄책 감이 들어설 여지는 없다. 자기비하와 자책이 들어설 틈이 없다. 그곳에서 우리는 자신과 일치되어 있다.

독일 몇몇 가톨릭 지방의 마리아 상 순회 풍습이 최 근 많은 교구에서 새롭게 활기를 띠고 있다. 마리아 상 이 어느 한 집에서 다른 집으로 모셔질 때 두 가정은 소박한 전례를 치른다. 가령 마리아와 엘리사벳의 만남 에 관한 성서 구절(루가 1,39-56 참조)을 읽고, 함께 기도하며 성가를 부른다. 하루 동안 그 집 상석에 모셔지는 마리 아 상은 우리 모두가 마리아로서 대림절 그날에 하느님 의 말씀을 잉태했음을 일깨워준다. 성탄 전야의 번잡한 와중에 우리도 내면에는 하느님이 거하시는 고요의 장 을 지니고 있음을 마리아가 알려준다. 마리아 상은 갖 은 불화 속에서도 모든 사람 안에는 긴장과 오해로 흐 려질 수 없는, 순수무결의 선한 본질이 있다는 것을 그 가정에 말해준다. 식구들은 방 한가운데 마리아 상을 바라보면서 서로를 대하는 새로운 눈을 얻는다. 그 눈 은 타인의 잘못에 집착하는 눈이 아니라, 타인의 순수 를 믿고, 참을 수 없는 타인의 얼굴 뒤에 숨겨진 그리 움을 발견해내는 믿음의 눈이다. 거룩하고 온전하며, 순수하고 티없이 맑은 신앙의 눈이다. 그러므로 마리아 상 순회의 풍습이 우리의 모듬살이를 힘겹게 하는 혼탁

을 정화하고, 우리 모두 안에서 그리스도가 태어나신다
는 희망을 굳건히 하기를! 우리 안에 그리스도가 태어
나시는 그곳, 거기에 죄는 들어설 수 없으며, 우리는
거룩하고 순수하게 존재할 것이니 ….⚜

대림환

화환은 고대에도 승리와 명예의 표지로 인식되었다. 그
것은 다채롭게 장식되어 승리자의 머리에 씌워졌다. 대
림환은 오실 주님에 대한 경의의 표지다. 그분이 당신
의 영광중에 오실 때, 승리의 표지 화환은 마땅히 그분
에게 바쳐져야 한다. 그리스도교에서는 고대 승리의 화
환이 또다른 의미를 가지고 있었다. 그것은 애써 얻은
구원의 표지, 즉 우리 삶이 예수 그리스도를 통해 완성
되었다는 표지다. 그것은 많은 것들이 무관하게 나열되
어 있어서 내적으로 쉬이 분열되고 허물어지는 우리 삶
이 다시 완전하게 된다는 약속이다. 묵은 해의 끝과 전
례주년의 시작에 대림환은 삶이 잘되어 나갈 것이라는
희망을 우리 안에 강하게 심어준다. 비록 지난해 동안

많은 것이 잘 이루어지지 않았다 하더라도 고요와 기도 속에서 내성內省을 통해 변화될 수 있고, 삶 전체에 그것이 새겨져 우리 안의 모든 것이 온전해질 수 있다는 것이다.

대림환은 네 개의 초로 만들어진다. 원래는 네 번의 주일이라는, 단순히 수數적 의미를 지녔다. 주일마다 하나씩 초에 불을 붙여 촛불의 수가 늘어갈 때마다 성탄의 기대도 커졌다. 4는 상징적인 수이기도 하다. 4는 원소元素와 방위方位를 상징한다. 4라는 상징수는 정방형, 즉 모든 정돈된 것의 총체다. 둥근 화환 위에 켜진 4개의 초는 대립의 통일을 의미한다. 원과 정방형이 하나가 된다. 불가능한 과제, 능력을 초월하는 무엇에 대해서 통상 "둥근 사각형"이라는 표현을 쓴다. 우리가 짜맞출 수 없는 것은 그리스도께서 우리에게, 우리 마음에 오실 때 그분께서 이루신다.

성서는 4를 거룩한 수로 이해한다. 낙원에는 네 개의 강이 발원하고, 각각 네 상징을 가진 네 복음사가가 있다. 하느님 이름 "야훼"도 4개의 철자로 기록된다. 대림환은 원과 사각으로 이루어진 만다라 형태다. 만다라는 신적인 것과 하나되기 위해 인도 사람들이 묵상하는 원 형태의 그림이다. 융C. G. Jung은 이를 자기화自己化와 완전화完全化의 상징으로 본다. 융에게 4라는 수는 완전성의 표현이다. 여기서는 대립된 것들이 서로 충돌하고 동시에 화해한다. 융에게 4는 영혼에 내재하여 자기화 과정을 촉진시키는 원형적 상징이다.

4는 변화를 예비하는 수이기도 하다. 이스라엘 백성은 약속의 땅에 들어가기 위해 40년을 광야에서 떠돌아야 했다. 중년의 위기에 자기 본래의 중심을 찾기까지 사람에게는 40년 정도가 걸린다. 예수께서는 40일을 단식하셨으므로 우리도 사순절 동안에 그분을 따라 행한다. 성탄을 준비하는 4주간은 변화를 기다리는 시간을 상징한다. 대림절 매 토요일 저녁, 나름대로의 조촐한 예식을 갖추고 그대의 대림환에 촛불을 켜는 것도 뜻깊은 일이다. 식구들을 불러 대림환 주위에 둘러앉게 해도 좋다. 함께 대림성가를 부르고 이사야의 예언적 성서 말씀을 읽으며 조용히 타고 있는 촛불을 바라볼 수도 있을 것이다. 그것은 가족을 한데 모으고, 대림의 분망함 속에서 대림의 본질을 밝히는 쉼터를 마련한다. 이는 곧 우리의 암흑을 밝히시는 빛, 우리 마음의 어둠을 몰아내는 예수 그리스도를 함께 기다리는 일이다. 대림시기를 어떻게 보낼 것인지, 각자가 올해의 성탄을 여느 때보다 더 깨어 기리기 위해 어떤 결심을 했는지 대림환 앞에서 이야기해 보는 것도 진정 뜻깊은 일일 것이다. ✤

촛불

대림시기, 우리는 즐겨 촛불을 켠다. 불빛 속에서 안식을 얻기 위함이다. 예부터 초는 사람들에게 특별한 매력을 자아냈다. 촛불은 온화한 빛을 낸다. 화려한 네온빛과 달리 초는 공간의 일부만 밝힐 뿐이다. 많은 부분이 어둠 속에 남는다. 그리고 그 빛은 따스하고 편안하다. 초는 모든 것을 균일하게 밝히는 기능적 광원光源이 아니다. 그것은 애당초 신비스러움과 따뜻함, 사랑스러움의 속성을 제 안에 숨긴 채 빛난다. 우리는 촛불을 통해 자신을 관조할 수 있다. 그때 나는 온화한 눈으로, 종종 경직되려는 나의 실재를 본다. 나는 부드러운 불빛 속에서 나를 느끼려 하며, 감히 하느님께 나 자신을 내어드린다.

촛불은 밝히기도 하지만 덥히기도 한다. 그대 방을 사랑으로 훈훈히 덥힌다. 그리고 그대와 가깝다고 여기는 이의 사랑보다 더 깊고 신비스러운 사랑으로 그대 가슴을 채운다. 그것은 신적인 원천에서 비롯하는 사랑, 결코 고갈되지 않으며 사람 사이의 사랑처럼 그리 쉽게 깨지지 않는 그런 사랑이다. 이 빛을 그대 마음에 스미게 하라. 그대가 온전히 사랑받고 있음을, 그 사랑이 그대 안의 전부를 사랑스럽게 만든다는 것을 느끼게 되리니. 그것은 결국 그대를 비추시는 하느님의 사랑이다. 초의 불빛은 밀랍이 타면서 생긴다. 그것은 자신을 다 태워버리는 사랑을 상징한다. 밀랍이 넉넉하므로 초는 그리할 수 있다. 아낄 필요가 없다. 그러나 때로는 심지를 적당히 잘라주라. 그렇지 않으면 불꽃이 너무 커져 그을음이 방을 더럽힌다. 이렇듯 사랑도 너무 요란하면 그대가 탈진하게 된다. 그것은 그대에게뿐 아니라 상대에게도 좋지 않다. 그런 사랑에서는 저의, 욕심, 작위의 그을음만 느껴진다. 어찌 타인을 밝히겠는가, 오히려 어둡게 할 뿐이다.

초에는 두 요소가 있다. 첫째 요소는 불꽃이다. 이는 하늘로 오르기 때문에 정신적인 것을 상징한다. 전해지는 말로, 사막의 수도승 교부들은 기도할 때 손가락이 불꽃이 되었다 한다. 따라서 촛불은 우리의 기도를 상징한다. 성지 순례자들이 제대나 마리아 상 앞에 촛불을 밝히는 관습은 널리 애호되고 있다. 이는 초가 타는 동안 기도가 계속된다는 믿음의 표현이다. 그리고 기도를 통해 자신의 삶과, 자기가 불 밝혀 초를 바친 그 대상의 가슴속에 빛이 스며들기를 바란다. 초의 둘째 요소는 타서 없어지는 밀랍이다. 초기 교회에서는 초가 하느님이면서 동시에 사람인 그리스도의 상징이었다. 밀랍은 사랑으로 우리 위해 몸바치신 그분의 인성人性을, 그리고 불꽃은 그분의 신성神性을 상징한다. 그러므로 우리는 대림·성탄 초를 보며 예수 그리스도를 통한 하느님 육화의 신비를 기억한다. 초를 켜면, 그리스도 친히 우리 가운데 계시다. 당신 빛으로 우리집과 마음을 밝게 비추시고, 당신 사랑으로 훈훈히 덥히시는 그리스도이다. 예수의 신성이 바로 인성에서 빛나고 있다. 그래서 초는 우리 자신의 육화의 신비이기도 하다. 하느님의 빛은 우리 몸을 통해 이 세상을 비추고 싶어 한다. 예수께서 이 세상의 한밤중에 태어나신 후, 하느님의 광채가 만인의 얼굴에서 빛나고 있다. 대림시기 동안 그대도 만인의 빛이 되기를, 자기 안의 보고 싶지 않은 모든 것에 온화한 광채를 던지는 그런 빛이 되기를! 그러면 그대도 촛불처럼 그들에게 생명과 사랑의 샘이 되리니.✦

밤 — 성탄 전야

예부터 밤은 두려운 존재였다. 아이들은 혼자 있다고 느끼는 밤의 어둠을 무서워한다. 곰, 개, 뱀, 사자 같은 것들이 나타나 덤비는 꿈이 무섭다. 그래서 밤이 주는 미지와 위협의 공포를 떨쳐버리기 위해서는 "편안한 밤의 예식"(Gute-Nacht-Ritual)이 필요하다. 고대인들은 밤에 돌아다니는 악마, 마을을 불안케 하는 도둑과 강도, 그리고 꿈에서 패악을 부리는 악령 따위를 두려워했다. 더욱이 밤에는 자기 마음도 믿을 게 못 된다. 악령들이 마음을 차지하고, 낮에는 부끄러워 차마 하지 못할 일을 하도록 몰아댈까 두려웠다. 게르만인들은 성탄 대축일(12월 25일)과 주님 공현 대축일(1월 6일) 사이의 열두 밤 동안 숲을 뚫고 공격해올 난폭한 보단Wodan(고대 독일 신화의 최고 신 — 역자 주) 군대와, 돌아다니는 시체들과, 패악을 부리는 갖가지 예측할 수 없는 세력들을 두려워했다.

오늘날 우리는 스위치 하나만으로 밤을 낮처럼 밝힐 수 있지만, 그래도 아직 우리 안에는 밤의 어둠에 대한 공포가 도사리고 있다. 오늘날 밤은 하나의 상징이 되었다. 누군가는 자기 주변에 밤만 있을 뿐이라고 말했다. 삶은 무너졌고, 모든 것이 무의미하다고 했다. 밤은 잦은 우울증을 의미한다. 갑자기 터널 속에 있는 것처럼 내면이 어두워진다. 모든 것이 캄캄하고 공허하며 무의미하다. 터널의 끝은 보이지 않고, 마치 자신이 마비된 것처럼 느낀다. 그래서 많은 우울증 환자들이 밤을 특히 두려워하는 것이다. 그들은 잠을 이루지 못하고 잠자리에서 불안스레 이리저리 뒤척인다. 밤은 영적 상태의 상징이 되기도 했다. 십자가의 성 요한은 한 사람이 영적 여정에서 거쳐야 할 "영혼의 어둔 밤"에 대해 말했다. 이 밤에는 하느님이 그로부터 멀리 계시다. 그는 그분을 느끼지 못한다. 그가 겪었던 모든 영적 체험이 아주 사라져 버린 것이다. 바울로에게 밤은 하느님의 부재와 의식 없는 삶의 상징이다. "(그리스도 안에서) 우리는 밤이나 어둠에 속하지 않습니다. 그러므로 우리들은 다른 사람들처럼 잠자지 말고 깨어 정신을 차립시다. 잠자는 자는 밤에 자고 취하는 자들도 밤에 취합니다. 우리는 대낮에 속한 사람으로서 정신을 차려

믿음과 사랑의 갑옷을 입고 구원에 대한 희망을 투구로 쓰시다"(1데살 5,5-8).

밤은 왠지 위험하고 위협적인 것이어서, 예부터 사람들은 밤을 거룩한 것으로 변화시키려 했다. 밀교 의식密敎儀式은 밤에 거행되었다. 그리스도께서 무덤의 어둠을 이겨내셨으므로 부활절은 밤에 기려졌다. 또 "성탄"(Weihnacht)이라는 이름은 "축성된 밤"(Geweihten Nacht)에서 비롯되었다. 이미 게르만인들은 축성된, 거룩한 밤을 알고 있었다. 그들에게 그것은 한겨울 밤이었다. 한겨울, 밤이 가장 길 때, 그들은 밤을 신들에게 봉헌했고 신들은 그 밤을 축성했다. 열두 밤(12월 25일에서 1월 6일) 동안 그들은 집과 안마당을 부적과 향료와 주문으로 보호하려 했다. 그리고 신들에게 밤의 위험을 제거하시어 불행이 아니라 안녕, 행복, 건강, 구원을 가져오게 해주십사 기도했다. 독일어 "하일리히"heilig는 무사·온전의 의미뿐 아니라 "마력, 유리한 조짐, 행운" 등이 표상하는 내용도 담고 있다. 사람들은 밤을 축성할 때, 행운을 가져오도록 마법을 써서 변화시키려 했다.

그리하여 게르만 지역 그리스도교인들은 조상들이 흔히 썼던 말, "축성한 밤"(성탄)으로 그리스도 탄생의 신비를 제일 잘 표현할 수 있었다. 그리스도가 한밤중에 태어나시면, 우리의 밤은 실제로 "마법에 걸린 듯" 변화될 것이고, 그러면 그것은 행복을 부르는 밤, "축성한 밤"이 될 것이다. 교회가 성탄 메시지를 전할 무렵, 의도적으로 "열두 밤"을 두려워하는 게르만인들의 심성에 호소했기 때문에, 그 메시지는 그들의 영혼을 뒤흔들어 놓았다. 게르만 지역에서 성탄절이 그리스도교 최고의 축제인 부활절보다 더 큰 호소력을 지니게 된 것도 충분히 납득이 된다. 분명, "축성한 밤"의 상징은 악마의 밤을 두려워한 게르만인들에게 내려진 해방과 치유의 대답이었다. 이제 그들 스스로가 자기네들의 밤을 갖가지 복잡한 예식으로 해방시킬 필요가 없었다. 그리스도께서 그들의 밤을 변화시키셨다. 빛이신 그분께서 밤을 영원히 밝히신 것이다.

그대, 아침을 그리워하는가, 깨인 의식으로 성탄의 빛을 그대 우울의 밤, 무의미의 밤, 불면의 밤에 간직하라. 그대의 밤도 성탄이, 축성된 밤이, 거룩한 밤이 된다고 상상하라. 그리스도께서는 밤을 틈타 그대에게 오시리라, 슬기로운 다섯 처녀와 잔치를 벌이셨듯이, 그대와 함께 혼인잔치를, 그대 온전해짐의 축제를 즐기기 위해! 현명한 처녀들도 밤새 깨어 있었던 것이 아니다. 더러는 잠들기도 했다. 그러나 그들은 등불과 함께 기름도 가지고 있었다. 그대는 다만 그대 의식의 빛을 가져라, 그대의 밤을 거룩하게 변화시킬 그분을 알아볼 수 있도록. ⚜

위로

대림절에는 위로의 말을 자주 듣는다. 헨델의 「메시아」
는 이렇게 시작한다. "위로하여라. 나의 백성을 위로하
여라. 너희의 하느님께서 말씀하신다. 예루살렘 시민에
게 다정스레 일러라. 이제 복역기간이 끝났다고, 그만
하면 벌을 받을 만큼 받았다고, 야훼의 손에서 죄벌을
곱절이나 받았다고 외쳐라"(이사 40,1 이하). 헨델 자신이 이
말에서 위안을 얻었고 우울증에서 벗어났다. 대림 첫
주일, 「메시아」의 도입부를 들으며 음악을 통해 이 위
로의 말씀을 가슴에 새기는 것, 나는 이것을 내 작은
대림절 전례로 삼는다. 학창 시절에는 "하늘아, 이슬을
내려라"(Rorate coeli), 특히 4절 "위로하여라, 그대를 위로
하여라"(Consolamini, consolamini)가 내게 늘 깊은 감동을 주었

다. 합창 소리를 들으면 이 성서 구절이 가슴에 사무쳤다. 그리스도의 강림이 나를 위로하며 그리스도 자신이 내게 위로가 되리라는 예감이 그때 내 안에 싹텄다. 약속된 메시아를 우리의 위로로 노래하는 대림성가도 있다. "그대 어디에 머물러 있는가, 세상에 온갖 희망을 세운 온 세상의 위로여!"

"위로"(Trost)는 "신의"(Treue)에서 나왔는데, 내면의 견고성을 의미한다. 하느님이 당신 아들을 통해 내게 오시면, 내 삶은 새로운 국면을 맞게 되고, 내가 서 있는 땅은 흔들리지 않을 것이다. 그러면 나는 발 디딜 견고한 토대를 얻는다. 위로는 신뢰와도 관계가 있다. 하느님께서 나를 위로하시면, 나는 살 자신을 얻고, 그러면 내 있는 곳은 아늑한 곳, 신뢰의 장소, 집처럼 있을 곳이 된다. 하느님은 슬퍼하는 나를 위로하신다. "슬퍼하다"(Trauern)는 "쓰러지다, 지치고 힘없이 되다"(fallen, matt, kraftlos werden)에서 왔다. 위로는 힘을 잃은 내게 발판을 제공한다. 다시금 힘과 의연함을, 내가 설 견고한 땅을 준다. 칼 라너Karl Rahner는 "위로받은 슬픔"이라 했다. 슬픔이 위로받았기 때문에 우리는 그것을 받아들일 수 있다. 그대가 놓쳐버린 많은 기회와 이루지 못한 삶의 계획에서 오는 슬픔, 하지만 동시에 새출발의 용기를 돋우려 그대에게 오시는 분의 위로, 대림시기는 그대로 하여금 이 둘 다를 보게 한다.

라틴어 "콘솔라리"consolari(위로하다 = 고독한 이와 함께)는 그대
가 대림절에 기대하는 위로의 또다른 면을 일러준다.
그대가 더는 혼자라 여기지 않고, 그리운 누군가와 함
께 있어 위로받았다고 느끼도록, 하느님은 외로운 그대
에게 다가오신다. 대림시기는 그대가 결코 혼자이지 않
으리라는 것을 알린다. 그대의 어둠 속에 하느님께서는
모든 것을 비추시는 빛으로 들어오신다. 그대의 고독
속에 하느님께서는 그대와 함께 있고 함께 느끼며, 그
대를 이해하고 지지하는 위로자로 오신다. 그대의 고독
이 하느님 가까이에서 변화되었으므로, 슬픔의 장소가
아늑해지고, 그대 고향 같은 위로의 장소가 된 것이다.

대림이 이러한 위로의 표징과 함께 우리 안에 불러일
으키는 것은 고향에 대한 독특한 감정이다. 성탄과 축
제와 즐거움 때문에 느끼는 고향의 감정이 아니다. 오
히려 모든 어둠과 고독, 온갖 몰이해와 상처와 상심에
도 불구하고 느끼는 고향의 감정이다. 아늑하고 편안한
곳에서 나는 내 존재의 불완전성을 잘 알게 되고, 감히
나의 진실을 있는 그대로 바라볼 용기가 있는 것이니,
그것은 곧 내가 슬픔을 헤치고 굳건히 설 수 있는 위로
를, "모든 것을 이기는 위로를" 찾았기 때문이다. ⚜

고요

대림은 고요의 시기다. 그러나 대림을 분망하고 요란하게 보내는 이들이 많다. 그때가 되면 사람들은 성탄 선물을 사기 위해 상점을 누비느라 여념이 없다. 하느님이 우리에게 들어서실 수 있게 하기 위해서는 고요가 필요하다. 고요하지 않고는 하느님의 오심을 알아채지 못한다. 우리 마음의 문을 두드리시는 그분의 노크 소리를 건성으로 듣게 된다.

독일어 "슈틸"still(고요한)은 "세우다, 움직이지 않고 서 있다"(stellen, unbeweglich stehen)에서 나왔다. 그러므로 고요해지기 위해서는 멈춰야 한다. 이리저리 돌아다니고 급히 서두르는 것을 그만두어야 한다. 멈춰서야 하고 내게 머물러야 한다. 가만히 있을 때 비로소 나는 나 자신과 만나게 된다. 나의 불안을 더이상 밖으로 표출하지 않아도 된다. 내 안에서 그것을 감지한다. 자신의 불안을 견디는 사람만이 고요에 이를 수 있다. "슈틸"은 "슈틸렌"stillen(젖을 먹이다. 진정시키다)과도 관계가 있다. 엄마는 배고파 우는 아이를 달래려고 젖을 먹인다. 나도 그렇게 내면에서 소리치는 내 영혼을 진정시켜야 한다. 내가 바깥으로 헤매고 다니지 않으면 주린 내 마음이 신호를 보낸다. 배고파 소리지른다. 그렇다면 양식이 필요하다. 내 마음이 평안해지도록 엄마처럼 돌봐주어야 한다. 그러나 많은 이들이 아우성치는 마음과 마주하기를 겁내고 있다. 차라리 좌충우돌 서두름으로써 관심을 딴데로 돌린다. 그럴수록 마음은 더 크게 소리친다. 도저히 외면할 수가 없다. 마음은 관심을 필요로 하며 진정시켜 주기를 원한다.

"내 영혼은 오직 하느님 품에서 안온하구나", 시편 62장 1절의 말씀이다. 수요일 끝기도(Komplet) 때 우리는 이 시편을 노래한다. 그것은 매번 나를 감동시킨다. 나 스스로는 내 마음을 진정시킬 수 없다. 내면의 외침에 귀기울이면, 나는 마음이 무엇엔가 주려 있음을 느끼게 된다. 그것은 내가 베풀 수 있는 것과는 전혀 다른 무엇이다. 내 마음은 하느님을 그리워한다. 하느님 안에서만 정말로 편안해진다. 하느님을 기다리며 바라보기 위하여 대림시기에는 고요의 시간을 즐기라. 먼저, 고요 속에서 내면의 소음이 들리거든, 그냥 견뎌라. 머물러 있어라. 하느님께서 달래시도록 울부짖는 그대 마음을 그분께 맡겨라. 그러면 고요는 그대에게 유익할 것이고, 그대 영혼은 침묵 속에 침잠할 수 있으리니. 또한 그대는 견디어 그대 자신과 하느님 앞에 머무름을 즐기게 되리니. 고요 속에서 그대는 아무것도 요구받지 않는다. 그대는 그저 존재할 뿐이다.

대림시기뿐 아니라 성탄절에도 고요가 필요하다. 성탄 축제를 함께 지낸 후, 나는 홀로 성탄 오라토리오를 듣고 고요에 귀를 기울이며 세 시간을 묵상하는 나만의 성탄 축제를 즐긴다. 고요 속에서만 하느님이 내 안에 탄생하실 수 있음을 아는 까닭이다. 성탄 제2주일의 입당성가는 이러하다: "무거운 침묵이 온 세상을 덮고 밤이 달려서 한고비에 다다랐을 때에, 하늘의 옥좌로부터 주님의 전능하신 말씀이 내려왔도다"(지혜 18,14 이하). 하느님은 내 마음이 고요해졌을 때만 내려오신다. 하느님의 탄생은 침묵의 내밀한 공간에서 일어난다. 나의 침묵으로 하느님을 내게 오시라 강요할 수는 없다. 그러나 침묵은 내 안에서 하느님을 느끼는 전제조건이다. 침묵할 때 나는 나 자신의 심연으로 내려간다. 이 심연에 이르는 길은, 나의 어두운 밤, 불안과 고독의 밤을 통과한다. 이때 나는 왕좌를 떠난다. 그곳은 내가 확실하게 통치했고 내 삶을 좌지우지 결정한 자리였다. 그리고 영혼의 저 밑바닥까지 나를 굽힌다. 내 안의 하느님은 거기서만 태어나실 수 있기 때문이다. 바깥세상 소음이 더이상 뚫고들어올 수 없는 내 마음의 심연에서만 하느님은 사람이 되시려는 것이다. ⚜

탄생

성탄절에는 하늘 아기의 탄생과 더불어 우리 자신의 탄생도 축하한다. 예부터 아기의 출생은 하나의 신비였다. 독일어 "게부르트"Geburt(탄생)는 "게배렌"gebären(낳다)에서 왔으며, "열매 맺다, 만들어내다, 낳다"와 함께 "견디다, 참아내다"라는 뜻도 있다. "바레"Bahre(관대棺臺)와 "뷔르데"Bürde(짐)도 탄생이라는 말과 관련이 있다. "탄생과 죽음은 서로 짝을 이룬다"는 말도 있다. 우리는 죽기 위해 태어난다. 그리고 죽는다는 것은 새로 태어난다는 것이다. 탄생과 무거운 짐도 서로 맞물려 있다. 그것은 하느님이 낙원에서 추방당하는 여인에게 이미 하신 말씀이다. "너는 아기를 낳을 때 몹시 고생하리라. 고생하지 않고는 아이를 낳지 못하리라"(창세 3,16).

예수의 탄생을 묘사한 옛 그림들을 보면 마리아는 늘 고통에 지쳐 있다. 14세기 이후 많은 신앙인들은 마리아가 다른 여인들처럼 예수를 산고 끝에 낳았다는 것을 상상할 수 없었다. 그래서 『그리스도의 생명에 대한 묵상』*Meditationes Vitae Christi*을 쓴 어느 프란치스코 회원은 마리아가 기둥에 기대어 산고 없이 해산했다고 묘사했다. 성녀 비르지따도 환시를 통해 그것을 보았다 한다. 고통 없는 출생도 있기를, 하느님이 몸소 우리 출생의 고통스런 과정을 변화시켜 주시기를 소망하는 인간의 마음을 그리스도의 탄생과 결부시킨 것은 충분히 이해할 수 있는 일이다.

우리는 예수의 탄생에서 우리 자신의 출생 과정도 기린다. 고독, 낯섦, 밤, 고통도 우리의 출생 과정의 일부다. 우리 안에 무엇인가 새로 태어나게 될 때마다 일단은 늘 고통스럽다. 우리는 지금까지처럼 앞으로도 그냥 그렇게 살고 싶어한다. 몸 속의 새로운 것을 억누르고 싶어한다. 우리가 잉태하여 무엇인가 새로운 것이 싹트고 있다는 걸 느끼기는 하지만 그 새로운 것이 터져나오는 것은 두려워한다. 물론 이해하기 힘들 것이다. 어쩌면 그것은 변변히 묵을 곳 하나 없었던 하늘 아기의 운명을 공유하는 것일 수도 있다. 우리는 그 새로운 것이 어떻게 느껴지는지 알지 못한다. 다만 옛것이 지속되지 않을 것이라는 것을 감지할 뿐이다. 그러

나 우리의 출생에는 우리 안의 모든 것이 새로워질 것
이라는 약속이 있다. 우리는 과거에 매어 있지 않으며
과거의 상처와 생활 방식으로 규정되지 않는다. 새로운
삶이 우리 안에 생성된다. 그 삶은, 태어날 때는 부드
럽지만 구유에 있는 아기처럼 힘차게 우리 안에서 확고
한 위치를 차지하게 될 것이다.

출산을 큰 고통 없이 기쁘게 체험하는 여인들이 많
다. 때로는 우리도 그같은 체험을 할 수 있다. 고통스
럽다고 느끼지 않고도 우리 안에 어떤 새로운 것이 태
어날 때가 있다. 그것은 기적과도 같다. 태어남의 과정
을 의식하지도 못했는데 갑자기 우리 안에 어떤 새로운
것이 생겨난다. 출생은 우리가 모든 것을 혼자 힘으로
이룩할 필요는 없다는 것을, 하느님께서 친히 우리 안
에 새로운 것을 이루신다는 것을 말해준다. 우리가 늘
거듭나야 된다는 것을, 죽음으로써 영원히 하느님 안에
태어나기까지 평생토록 고통과 기쁨의 출생 과정들을
경험하게 되리라는 것을 성서는 말하고 있다. 예수는
니고데모에게 말씀하신다. "누구든지 위로부터 새로 나
지 않으면 하느님 나라를 볼 수 없습니다"(요한 3,3). 새로
태어나지 않고는 하느님의 소명을 받들 수 없다. 새로
태어나지 않고는 하느님 나라를 볼 수 없고, 하느님과
하나될 수 없으며, 우리 본질에 이를 수도 없다. 하느
님 나라는, 하느님이 우리 안에서 다스리시며, 우리가

사람의 권세로부터 완전히 자유로워져 전적으로 우리 자신이 된다는 것을 뜻한다. 새로 태어남은 우리의 영적 과정에서 늘 필요하다. 그 순간 옛 틀은 깨지고 하느님의 순수하고 근원적인 모습이 우리 안에 더욱 뚜렷이 나타난다. 태어날 때는 아직 다른 사람들이 덮어씌운 표상이나 기대로 흐려져 있지 않다. 하느님이 우리를 두고 그리셨던 그 순수하고 근원적인 모습이다. 우리는 여전히 자유롭게 미래를 만들어 갈 수 있다. 삶은 아직 우리 앞에 있다. 그 길을 걸어간 사람은 아직 아무도 없다. 첫눈 덮인 들판 같다. 우리만의 발자국을 새기는 일에 자유로울 것이다.

신비가들은 자기를 찾아가는 과정으로서의 새로운 탄생에 대해서뿐 아니라 우리 영혼 안에서의 하느님의 탄생에 대해서도 이야기한다. 성탄절에 우리는 예수의 탄생을 통해 하느님이 우리 마음 안에도 탄생하심을 기뻐한다. 하느님이 우리 안에 태어나시지 않으면 우리는 자신과 낯설어진다. 안젤루스 실레시우스는 이렇게 표현했다: "그리스도께서 천 번을 베들레헴에 태어나신다 해도 그대 안에 태어나시지 않는다면, 그대는 영원토록 헛되이 사는 것이다." 마이스터 엑크하르트에게 하느님의 탄생은 이렇게 일어난다: "영혼의 가장 내밀한 본질에서, 이성의 작은 불꽃 속에서 하느님의 탄생은 이루어진다. 그곳은 영혼이 제공할 수 있는 가장 순수하고,

가장 고귀하며 가장 부드러운 곳이어야 한다. 어떤 피조물도 다다르지 못한 가장 깊은 침묵이어야 한다.”

세상 소음들, 끊임없이 엄습하는 갖가지 상념과 감정들이 감히 범접하지 못할 절대 침묵의 공간이 그대 안에 있다. 하느님은 그대 안 이런 침묵의 공간에서 태어나신다. 하느님이 그대 안에 태어나시면, 그대는 참된 자아, 왜곡되지 않은 하느님의 모상과 만나게 될 것이다. 그러면 그대의 삶은 진실로 온전하고 새롭게 빛날 것이며, 몇 번이고 새로 길어낼 수 있는 생명수가 그대 안에 샘솟으리라. ✣

아기

성탄절에 하느님은 아기로 이 세상에 오셨다. 다 큰 어른으로 오신 것이 아니라, 한 여인의 모태에서 약하고 의지할 데 없는 아기로 태어나셨다. 아기는 부모의 도움에 의지한다. 그는 사랑과 관심과 자애 속에서 점점 자라난다. 엄마가 늘 새롭게 아기의 신비를 묵상하며 조심스럽고 사랑스럽게 다가가듯, 그대도 하느님께 그렇게 다가가야 한다. 그렇다고 그분을 마음내키는 대로 하려고 꽉 붙들어서는 안된다. 아주 다른 하느님의 신비를 캐기 위해서는 그대는 몇 번이고 놀라 멈추어야 한다. 아기에게는 요란스럽지 않게 살며시 다가가야 한다. 그대, 하느님에 대해서 큰 소리로 말하지 말고 아이에게처럼 아주 부드럽고 낮은 소리로 말하라. 아이에게는 유식한 대화가 필요없다. 그저 마음에서 우러나오는 말이면 족하다. 이렇듯 하느님께 마음을 열기만 하면, 그대는 하느님을 만날 수 있다.

하느님이 아기로 이 세상에 오시면, 그분은 늘 강하고 독립적이려고만 하는 과대망상에서 우리를 해방시키실 것이다. 예수는 우리에게 어린이처럼 되라 하신다. 그렇지 않으면 하늘 나라에 들 수 없다(마태 18,3 참조). 아이들은 놀랄 줄 안다. 새로운 것에 열려 있는 것이다. 그들은 삶이 무엇인지 배우며 스스로 모색한다. 다른 사람에게만 의존하지 않는다. 아이들은 자신에게 몰두한다. 놀 때는 자신을 잊는다. 억압이나 기대에 방해받지 않고 온전히 순간에 머물 수 있다. 저의도 편견도 없이 열린 마음으로 사람들에게 다가간다. 자기 감정을 믿는다. 그리고 속으로 느낀 대로 행한다.

꿈에서 아이는 우리 안에 자라는 어떤 새로운 것을 상징한다. 이때 아이는 하느님이 지으신 근원적이고 왜곡되지 않은 우리 모습을 의미한다. 간혹 우리는 다친 아이를 안고 있거나 떨어뜨리는 꿈을 꾼다. 그러고는 아이를 잊고 어딘가에 혼자 버려 둔다. 그 꿈은 우리 안에 있는 아이를 좀더 조심스럽고 의식적으로 대하라는 충고다. 우리는 자신이 누구인지 알 듯하다. 그런데도 낡은 역할과 틀에 빠져 있다. 우리 안의 아이에게 상처를 입히고 있다. 꿈속의 아이는 새로운 시작을 상징하기도 한다. 성탄절에 하느님은 새로운 시작을 여신다. 인생사, 과거의 상처, 넘겨받은 자해의 틀, 이상理想의 좌절, 우리가 이런 것들로 결정되지는 않는다. 우리는 충족된 삶에 대한 오랜 꿈을 새로 꾸어도 좋다. 다시 한 번 새롭게 시작할 수 있다. 과거는 하느님이 우리 안의 모든 것을 변화시키고 새롭게 하시는 것을 막지 못한다. 그러므로 레오 대종은 성탄 강론에서 이렇게 말했다: "오늘 하느님께서 내 안에 아기로 태어나셨으니 나는 새로 시작할 수 있습니다." 너무 늦은 시작은 절대로 없다. 성탄은 그대에게 과거의 짐을 훌훌 털어버리고 자신있게 새로 시작할 용기를 준다.

"내면의 아이"는 현대 심리학이 즐겨 다루는 주제다. 존 브래드쇼우John Bradshaw는 누구나 자기 안에 상처입은 아이 하나씩을 지니고 있다고 한다. 우리의 감정은 진지하게 받아들여지지 않았으며 우리는 유일하고 특별한 존재로 인식되지 않았다. 조건없는 사랑에 대한 기대는 꺾이고 말았다. 어른이 된 우리는 상처입은 아이를 만나 보살피고 상처를 싸매주면서 그 책임을 떠맡아야 한다. 그러나 상처난 아이 곁에 오래 머물지는 말라. 그 아이를 떠나 하늘 아기에게로 옮겨가라. 거룩한 아이 역시 우리 안에 있다. 하늘 아기는 참된 자아를 상징한다. 그 아기는 우리에게 맞는 것이 무엇인지 정확히 알고 있다. 하여, 우리 어린 시절, 일찍이 길을 일러주었다, 우리가 소외되고 사랑받지 못하고 이해받지 못했을 때, 우리가 자신을 잊고, 자신과 온전히 하나되며, 고향에, 하느님 안에 있던 곳을 어떻게 찾을 수 있었는지 가르쳐 주었다. 성탄은 그대 안의 하늘 아기를 떠올리게 한다. 그 아기는 이 세상의 추위와 낯섦 속에서도 자기만의 유일성과 독자성을 지키고 있다. 그는 그대를 통해서만 표현될 수 있는 어떤 신적인 것이 있다는 것을 믿는다. 그대 가슴의 심연에 하늘 아기가 있다. 그대가 내면의 소리에 귀기울인다면 무엇이 그대에게 좋은 것인지, 무엇이 그대에게 맞는지, 남들이 말했다는 이유로 그냥 받아들인 것은 무엇인지 정확히 알아차릴 것이다. 그대가 그대 안의 하늘 아기와 접할 때만 삶은 진정한 것이 될 것이고, 아이들의 특징인 가벼움을 얻을 것이다. 상처입은 아이인 그대는 어린 시절의 온갖 상처를 애써 열어젖히지 않고도 그대를 생명으로 이끄는 발자취, 하늘 아기를 신뢰하게 되리니. ⚜

사람 되심

성탄절에는 하느님의 사람 되심을 기린다. 교부들은 우리가 하느님의 속성을 분유分有할 수 있도록 하느님이 사람 되신 사실을 거듭 강조했다. 하느님은 우리가 인간 본성의 무상함과 허약함에 희생되지 않도록 당신 아들의 사람 되심을 통해 인간의 가사적可死的 본성에 신적 맹아를 심어 주셨다. 레오 교종은 성탄 강론에서 이렇게 말한다: "그리스도인이여, 그대의 존엄성을 인식하시오! 그대는 신적 본성에 참여하게 되었으니, 예전의 비참함으로 돌아가지 말고 그대 존엄에 맞게 살아가시오!" 이 말은 우리가 신적인 존엄에 부합하는 삶을 살기를 요구하고 있다. 하느님이 사람이 되신 것은 인간이 하느님처럼 되려는 욕망을 접도록 하기 위해서이기

도 하다. 신의 인격화는 신처럼 행동해야 한다는 강박
에서 우리를 해방시킨다.

성탄은 어떻게 그대 또한 참사람이 될 수 있는지를
보여준다. 그리스도는 하늘에서 내려오셨다. 그 첫걸음
은 그대가 그대의 인간성과 지상성으로 내려갈 용기를
지니는 데 있다. 그대는 땅에서 왔다. 영혼의 고양을
방해하는 지상생활이 그대에게 짐지워져 있다. 날마다
그대 육신은 그대의 지상성을 일깨운다. 이를 거부하지
말라. 그대 안의 어둠과 냉기로, 자신의 내적 분열로,
본능적 충동과 곤궁으로 내려오라. 땅으로 내려가는 사
람만이 하늘에 오를 수 있느니.

아우구스티노는 사람됨의 길이 아래로뿐만 아니라
내면으로도 향해 있다고 보았다. 그에게 내면으로 향하
는 길은 내성을 통한 자아인식의 길이다. 자아인식이란
우리의 사고를 결정하는 상념과 느낌들을 유심히 들여
다보는 것을 말한다. 아우구스티노는 섬세한 직감력으
로 마음의 미세한 떨림까지 관찰했다. 그것들을 가차없
이 폭로하여 하느님께 내미는 것, 그것이 그에게는 하
느님께 가는 길이었다. "너 자신을 알라" — 하늘이 내
려 델피Delphi(아폴로의 신탁으로 유명한 그리스의 옛 도시 — 역자 주) 신전
에 새겨진 이 경구는 교부들과 초기 수도승들에게 사람
됨의 결정적인 조건이었다. 그들에게 영적인 삶이란 힘
겨운 자아인식의 길을 받아들이고, 우리 마음을 움직이

는 것에 늘 귀기울이는 것을 의미한다. 그것은 마음이 스스로 자유롭게 정해지는 것인지, 아니면 우리를 중심에서 몰아내려는 감정과 격정에 따라 정해지는 것인지를 묻는 것이다. 자아인식에는 격정과 사고와의 대화, 꿈과 육신과의 대화가 필요하다. 하느님은 내 영혼 육신의 실재를 통해 말 건네신다.

아우구스티노는 "너 자신을 알라"라는 요구에다가 사람됨의 둘째 단계를 덧붙인다: "너 자신을 사랑하라." 아는 것과 사랑하는 것은 서로 밀접한 관계가 있다. "한 여인을 알다"라는 성서적 표현은, 안다는 것은 결국 사랑한다는 것이고 사랑한다는 것은 안다는 것임을 나타낸다. 자신을 사랑하지 않으면 자신을 알 수도 없다. 사랑만이 내면으로 더 깊이 들어가게 하며, 우리가 진실로 누구인지 알게 한다. 자신을 사랑하는 것과 자신의 주위를 맴도는 것은 다르다. 이러한 요구를 놓고 예수가 생각하는 바는 (병적인) 자기애가 아니라 자신과 일치된 상태다. 나 자신을 사랑함으로써, 나는 있는 그대로의 나를 창조하신 하느님을 사랑한다. 자신을 거부하는 것은 하느님께 대한 저항이다. 내 한계성과 오류성의 책임을 하느님께 떠맡기는 것이다. 구유에 누운 아기는 그대가 자신을 사랑하고, 자신을 다정하게 대하며, 그대 소아병적 결함을 용서하고, 그대 지금 있는 모습 그대로 존재한다는 사실과 화해시켜 주려 한다.

자신을 받아들이고 사랑하려면, 어린아이의 미소와 아직도 마음에 아이를 품고 사는 사람들의 멋진 유머를 지녀야 한다. 자신을 너무 심각하게 받아들이는 사람은 자신을 크게 만들어 마치 중요한 인물인 듯 굴거나 자신을 업신여겨 실제보다 더 왜소한 사람으로 만들 것이 틀림없다. 그대 자신을 사랑한다는 것은 그대 생긴 모습 그대로를 사랑하는 것을 말한다. 그래야만 그대는 하느님이 생각하신 그대 모습대로, 그대를 부르신 목적에 부응할 수 있을 것이다. ⚜

육화

하느님은 사람이 되시면서 육신을 취하셨다. 요한 복음은 이렇게 말한다: "말씀이 육신이 되시어 우리 가운데 거처하셨다"(요한 1,14). "육신"이라고 할 때 요한은 죄의 육신이 아니라 현세에 매인 것, 허약한 것, 무상한 것을 의미했다. 하느님은 당신 아들의 육화를 통해 불멸의 씨앗을 우리 죽을 육신에 심으셨다.

말씀(로고스)이 육신이 되신 것은 하나의 신비다. 교부들은 이를 "조개 속에 자라는 진주"라는 상징으로 표현했다. 마리아는 신성한 진주 예수 그리스도에게 육신을 입힌 조개다. 알렉산드리아의 클레멘스는 이렇게 표현했다: "동정녀가 신의 섬광으로부터 낳은, 광휘와 순수의 예수 또한 하나의 진주다. 왜냐하면 살과 조개껍질과 물기에서 빚어진 진주가 촉촉하고 영으로 충만한 반투명의 물체이듯, 육화된 하느님의 말씀 역시 물기 머금은 몸으로 투명하게 빛나는 영적 빛이기 때문이다." 그리고 아타나시우스는 마리아를 통한 말씀의 육화를, 예수께서 마리아의 몸과 결부되어 "사람이 되실 때 취했던 거룩한 육신을 빛나게" 만드신 것이라 이해했다. 달리 표현하면 이러하다: 예수는 우리의 육신을 취하셨으나, 하느님의 영광을 위해 그것을 투명하게 하셨다.

"성령으로 잉태되어 나시고"(incarnatus de Spiritu Sancto)라는 사도신경 구절은 의미심장하다. 그리스도는 성령으로 육신을 취하셨다. 영과 육을 극단적인 대립으로 보는 경우가 잦다. 흔히들 영이 육을 거슬러 싸운다는 말을 한다. 그러나 여기서 우리는 영원한 말씀이 영을 통해 육신이 되셨음을 고백한다. 영에서 육으로의 이행이 있었다. 이는 예수 그리스도 탄생의 신비일 뿐 아니라 우리 자신의 사람됨의 신비이기도 하다. 영이 육신에 들어와야 하며 영이 육신이 되어야 한다. 그래야 우리가 영을 체험할 수 있다. 육신이 없다면 하느님은 얼굴 없이 이 세상에 계시는 것이다. 하느님이 인간이 되기 위해서는 육신이 필요하다. 그래야 우리 얼굴에서 하느님의 모습이 빛날 수 있다. 테르툴리아노는 이를 유명한 말로 표현했다: "육신은 구원의 돌쩌귀다"(Caro cardo saltus). 육신을 간과하고서는 행복도 치유도 구원도 없다.

그대는 이러한 신학적 진술을 실감하는가, 아니면 그대의 경험과 모순되는가? 그대는 육신을 긍정할 수 있는가, 아니면 그것으로 고통받고 있는가? 그대의 아름다움, 쇠약과 질병, 노구老軀, 힘과 무기력, 곤고함, 민감성과 예민함, 육체적 쾌락, 제대로 자라지 않은 육체로 인한 고통 — 육신이란 이 모두를 의미한다. 몸을 들먹이며 비웃을 때보다 더 깊은 상처를 주는 일은 없다. 쾌락의 정점인 성性은 우리가 가장 민감하게 대하는 영역이기도 하다. 하느님이 육신이 되셨다 함은 그분께서 그대의 육신에 오심을 뜻한다. 그대가 일에 지칠 때, 힘에 넘칠 때, 다정에 겨울 때, 배고프고 목마를 때, 그분은 바로 그때 그대를 만나신다. 그대 몸은 하느님을 갈망한다. "물기없이 메마른 땅덩이처럼 내 마음 당신 찾아 목이 마르고 이 육신 당신 그려 지쳤사옵니다"(시편 63,1) 하고 시편 작가는 노래한다. 하느님이 그대 몸의 갈망을 채우시면, 그대, 꽃으로 피어나리라. 그대가 발산하는 것은 그대 몸을 통해 발산되는 것이다. 하느님이 그대 육신을 변화시키시면 육신은 하느님의 빛을 세상에 되비추는 진주가 되리라. 그때 그대는 어느 교부의 말처럼, "귀한 하늘의 진주, 형언할 수 없는 빛이신 주님"을 몸 속에 지니게 되리라. ⚜

마구간

그리스도는 마구간에서 태어나셨다. 융은 이를 중요한 상징으로 보았다. 그는 우리가 하느님이 태어나신 마구간일 뿐이라는 사실을 늘 기억해야 할 것이라 한다. 따라서 우리는 궁전도, 아름답게 장식된 새 집도, 안락한 거실이 아니다. 우리에게는 마구간과 관련된 저마다의 체험과 정서가 있다. 어떤 부인은 어렸을 때 학교에서 돌아오자마자 늘 마구간으로 갔다고 한다. 그곳은 마치 집 같았다. 마구간 냄새가 고향의 아늑함을 전해 주었다. 마구간에는 가축들이 그냥 그렇게 산다. 그곳에는 생명이 있고, 탄생과 죽음이 있고, 걱정근심도 있다. 마구간의 일상에도 나름대로의 기복은 있다. 아이들은 가축과 친하다. 가축들은 쓰다듬을 수 있다. 어떻게 해도 가만히 있다. 사람보다 참을성이 많다. 아이들이 자기들에게 무슨 이야기를 하는지 귀기울여 듣는다. 그리고 마구간에는 한결같은 온기가 있다. 가축들은 겨울에도 체온으로 마구간을 따뜻이 덥힌다.

마구간을 반들반들 청소하는 예는 없다. 거기에는 두엄과 오물, 짚과 건초가 범벅이 되어 있다. 몇 번씩이나 청소를 해도, 금세 거름이 쌓인다. 거름은 비료로 쓰인다. 이는 우리 내면을 상징한다. 우리 마음 역시 순수하지도 깨끗하지도 무균질도 아니다. 거기는 오물투성이다. 우리가 억압한 모든 것이 피하에 숨겨진 채 그대로 계속 썩어간다. 어떤 이는 공격성을 억압한다. 예의와 친절의 밑바닥에는 얼음 같은 냉기가 숨어 있고, 웃음띤 얼굴로는 공격의 화살을 쏘아댄다. 어떤 이는 욕구를 억압한다. 그러나 그것이 가만히 있을 리 없다. 그 사람 안에 산재해 있다가, 배우자나 자녀들이 그 욕구를 맘껏 펼칠 때면, 새삼스레 회오리를 일으킨다. 또 어떤 사람은 유년의 상처들을 간과한다. 보고 싶어하지 않는다. 그러나 그 상처들은 봉합될 수 없다. 반창고 아래서 계속 곪다가 결국 고름이 붕대에 배어 나온다. 바로 거기, 우리 안의 "거름덩이"에서 하느님은 태어나시려 한다. 우리는 하느님께 깨끗한 방을 내어드릴 수 없다. 우리 마음의 더러운 마구간을 내어드릴 뿐이다. 그래서 괴롭다. 하지만 하느님의 탄생을 마치 우리가 얻어낸 것처럼 여기는 망상에서는 해방된다.
하느님은 다만 우리를 사랑하시기 때문에 우리 안에 태
어나길 원하시는 것이다. 우리가 그분께 무언가를 내보
일 수 있어서가 아니다.

　예수의 탄생으로 마구간에는 빛이 가득하다. 만물을
사정없이 드러내는 빛이 아니라, 그냥 있는 대로 있게
하는, 따뜻하고 부드러운 빛이다. 하늘 아기 곁에서는
그대 안의 모든 것이 허용된다. 더럽고 버려지고 짓밟
히고 비루한 것도 거기서는 초라하지 않다. 그리스도의
온화한 빛 속에서 그대가 외면해야 할 것은 아무것도
없다. 모든 것이 그리스도를 통해 새로운 모습을 얻고,
그분의 사랑에 의해 변화될 것이다. 그리스도께서 그대
마음의 어둠과 혼돈 속으로 들어오심으로써 그대안의
모든 것이 변화된다는 것, 바로 그것이 마구간이 주는
위로다. 화학적으로 무결하게 청소되지 않은 상태야말
로 하늘 아기에게 안전과 고향을 선사하는 것이다. 그
것이 그분의 누워 쉴 곳을 부드럽고 살 만하게 한다.
아기 곁에서는 지나친 완벽이 오히려 낯설다. 아기가
바라는 것은 포근한 잠자리지 절대 무균의 침대보가 아
니다. 그러므로 그대는 그대 생긴 모습 그대로가 바로
그리스도의 집일 수 있다는 것을, 그분이 그대와 세상
을 위해 태어나실 마구간임을 믿어라. ⚜

동굴

동방교회의 미술에서는 바위 동굴이 탄생 장면의 배경으로 등장한다. 이미 사도 시대에 베들레헴에는 탄생 동굴이 있었다. 성서 외경은 예수가 동굴에서 태어나셨다고 전한다. 동굴은 어머니의 모태를 상징한다. 마리아의 자궁은 대지의 품, 대지의 마음이다. 하느님의 사람 되심은 예수가 땅의 심연, 동굴의 어둠 속으로 내려오심으로써 시작된다. 하느님이 대지의 자궁에서 태어나시면, 온 우주는 변화되어 새로운 생명과 힘으로 충만해진다. 땅은 하늘이 비옥하게 한다. 동굴의 어둠은 하늘 아기의 빛으로 환해진다. 로마노스Romanos der Melo-den(490~560)의 성탄시는 그 신비를 이렇게 노래한다: "동정녀가 오늘 초월자를 낳으셨다네. 대지는 범접할 수

없는 그분께 동굴을 바쳤다네." 교부들은 동굴 속 처녀
의 몸을 에덴 동산에 비유한다. 그곳에는 신성한 열매
를 맺는 생명나무가 자란다. 우리가 그 열매를 따먹어
도 아담처럼 죽지는 않는다. 예수의 동굴 탄생을 묘사
한 이콘(성화상)들은 고대 신들의 동굴 탄생 신화에도 접
목되어 있음이 분명하다. 과연 제우스, 디오니소스, 미
트라스는 동굴에서 태어났다. 그리스도가 신성한 빛을
몰고온 동굴이 그리스인들에게는 신의 부재를 상징하
는 곳으로도 인식되었다. 동굴은 악령이 사는 위험한
장소였다. 빛이신 그리스도가 이 동굴에 오시면, 동굴
은 영원한 축복의 샘이 솟는 장소로 변화된다.

나는 두 가지 중요한 관점에서 예수의 동굴 탄생을
묵상한다. 첫째는, 성탄 때면 나 자신이 동굴 속에 은
거할 수 있다는 것이다. 성탄은 모성의 축제며 안전과
고향의 축제다. 동굴에 머물며 기도하고 묵상하는 동
안, 나는 예수께서 내 안에 태어나심을 그려볼 수도 있
다. 내게 동굴은, 나 자신이 현존하시는 하느님의 치유
와 사랑에 감싸여 있음을 의미한다. 특히 기도는 내게
물러남의 한 건강한 형태이기도 하다. 나는 동굴 속에
은거한다. 거기는 안전하다. 거기에서는 아무도 내게
뭔가를 요구하지 않는다. 마음놓고 뻗고 누워서 푹 쉬
며 긴장을 풀 수 있다. 그냥 내 생긴 그대로 있을 수
있다. 남들이 이러쿵저러쿵 비난할 일도, 내게 뭔가를

요구할 일도 없다. 물론 언제까지나 동굴에만 머물러 있을 수는 없다. 삶과 맞서기 위해서 다시 밖으로 나와야 한다. 그러나 가끔 동굴 속으로 물러나 어머니 같은 하느님의 품에서 쉬는 것은 백번 옳은 일이다. 하느님은 엘리야 예언자에게 그랬듯이 날 다시 밖으로 불러내실 것이 틀림없다. "앞으로 나가서 야훼 앞에 있는 산 위에 서 있거라!"(1열왕 19,11). 산 위에는 산들바람이 분다. 거기서 하느님은, 세상에 나가 우리 방식대로 하느님을 전하라 명하신다.

둘째 관점은 내 안에 동굴이, 즉 그리스도께서 태어나실 어머니의 모태가 있다는 것이다. 내 집처럼 쭉 뻗고 누울 수 있는 공간이 바로 내 안에 있다. 바로 거기에 하느님이, 신비가 있기 때문이다. 신비가 깃든 곳만을 사람은 제집처럼 느끼는 법이다. 그리스도 친히 내 안에 사시므로 내 마음의 동굴에서 나는 고향을 체험한다. 더욱이, 그리스도로 인해 내 동굴은 비로소 살 만해졌다. 전설에 따르면, 동굴 속에는 용과 무서운 뱀과 사자와 악령과 저승사자도 산다 하지 않았던가. 그리스도께서 내 마음의 동굴에 태어나시면, 용과 뱀들을 전부 동굴 밖으로 몰아내실 것이다. 악마들도 굴복한다. 나를 생명으로가 아니라 죽음으로 인도하는 저승사자도 힘을 잃는다. 수백년 구원받지 못한 조상 귀신들도 사라질 것이다.

대개의 성모 성지는 (인공) 바위 동굴로 되어 있다. 루르드 순례자들은 벨라뎃다가 성모를 보았다는 그 동굴에서 물을 긷는다. 이런 이야기와 상상에는 분명 모권 신앙에 대한 그리움이 스며 있다. 여기에는 땅이 우리의 고향이고, 우리를 먹이며, 정화와 생기의 성수聖水를 제공해 준다는 생각이 깔려 있다. 민간신앙은 은 연중에 모권 성향을 그리스도교로 유입시켰다. 많은 순수주의자들은 이 점을 이교도적이라는 이유로 거부한다. 그러나 오늘날 그리스도교가 부권적이기만 한 것이 아니라 마리아와 거룩한 동굴을 통해 모권에 대한 갈망에도 관심을 갖고 있으니 고마운 일이다. 동굴에서 태어나신 그리스도는 모권 숭배 전통이 예지했던 바를 실현하신다. 온 우주를 거룩하게 하시려고, 땅을 비옥하게 하시어 우리의 고향이 되게 하시려고, 그리스도는 땅에서 한 여인의 아들로 태어나셨다.✤

구유

루가는 예수 탄생을 묘사할 때 구유에 대해 두 번 언급한다. 마리아는 "아기를 포대기에 싸서 구유에 누이었다. 방에는 들어갈 데가 없었기 때문이다"(루가 2,7). 추측건대 당시 예수가 누웠던 구유는 돌로 만든 것이었을 것이다. 베들레헴에서는 동굴 위에다 집을 세웠다. 동굴은 마구간으로 쓰였는데, 그 안에 바위를 깎아 함지와 구유를 만들었다. "객사"에 해당하는 그리스어 "카탈리마"*katalyma*는 아마 동굴 위에 있는 방을 의미했을 것이다. 갓난아기를 누일 방이 없어서 겨우 구유가 있는 마구간에 머물렀다. 그것은 하느님의 영광이 빛나는 아기의 가난을 상징한다. 아기가 포대기에 싸여졌다는 것 역시 루가는 두 번(루가 2,7.12) 언급한다. 이것은 예수가 신동이 아니라 아주 평범한 보통 아이였음을 분명히 말해주는 표현이다.

시대의 변천에 따라 예술가들은 구유를 매우 다양한 형태로 표현했다. 동방에서는 관棺 모양의 돌구유가 흔히 눈에 띈다. 아기는 시체처럼 싸여 있다. 여기서 구유는 분명 예수가 부활을 통해 새로 나신 곳, 예수의 무덤을 암시한다. 여기야말로 죽음이 영원히 극복된 곳 아닌가. 그리스도의 탄생은 우리가 죽음을 통해 내세의 생명으로 거듭나게 되는 원인을 제공한다. 강생과 수난과 부활은 더불어 하나의 전체를 이룬다. 비잔틴 예술뿐 아니라 서방에도 제대형 구유가 있는데, 이는 성체성사를 암시한다. 베들레헴은 "빵의 집"이라는 뜻이다. 성체성사 때마다 강생의 신비가 새롭게 기려진다. 그때 우리는 하늘에서 내려오신 그 빵을 먹는다. 중세의 구유는 대부분 나무구유였다. 구유의 짚은 아기에게 부드러운 잠자리를 마련해 주었다. 여기서는 구유가 농가 일상의 중심을 차지했다.

다양한 구유 형태를 통해 예술은 신학적인 발언을 멈추지 않았다. 예수의 가난도 그중 하나다. 하느님은 한없이 가난하게 오셨다. 포대기에 싸이고 누더기로 덮여 있었다. 영광중에 오신 것이 아니라 남모르게 오셨다. 하느님은 실제로 우리 중의 한 사람이 되셨다. 그렇다, 구유의 아기는 예수께서 이미 나실 때부터 세상의 빈자들과 연대하셨고 가난한 이로 우리에게 나타나셨음을 보여준다. 예수는 여물이 담긴 구유에 누워 계시다. 사람들이 그분을 받아들이지 않아서 거기 누워 계신 것이다. 그런데 짐승들은 구유를 그분께 내어드렸다. 이성이 결여된 자연은 엄마에게 갓난아기 누일 곳이 필요하다는 것을 느낌으로 안다. 반면에 생각이 너무 많은 사람들은 이것저것 재고 따지느라 선뜻 나서서 도울 줄 모른다. 그런가 하면 깊이 생각할 겨를도 없이 그냥 돕는 이들도 있다. 일종의 반사작용과 같다. 어려운 사람을 보면 틀림없이 그들이 도움의 손을 내밀 것이다. 그들은 사람이 되신 하느님의 아들을 직감할 줄 알기에 도움을 구하는 모든 사람에게서 그분을 본다. 아무 설명이 필요없다.

중세 이래 사람들은 구유를 예쁘게 꾸미고 있다. 각 나라마다 구유를 특색있게 재현하고, 예술가들은 예수의 탄생을 자신들의 세계에, 농부의 일상이나 수공업자 사회 속에 끌어들여 표현했다. 각 사회 계층의 대표가 구유에 등장한다. 온 세계가 아기에게 경배하기 위하여 구유를 순례한다. 이러한 "구유신심"의 기원은 1223년 성 프란치스코가 그레치오Greccio의 숲에서 동료 수사들과 신자들과 함께 지냈던 성탄 구유축제에서 비롯되었지만, 무엇보다도 도미니코회 수녀원을 중심으로 널리 퍼져 있던 "아기 흔들어 재우기"Kindleinwiegen 풍습에서 유래되기도 했다. 수녀들은 입회할 때 밀랍으로 만든 아기 예수를 가지고 갔다. 그들은 수련 생활을 하면서 성탄시기까지 하늘 아기의 탄생을 준비했다. 밀랍 아기 돌보기를 마치 살아 있는 젖먹이 돌보듯 했다. 입맞춤도 하고 품에 안기도 하고 흔들어 재우기도 했다. 아기를 안고 흔들어 주면서 그들은 예수에 대한 사랑에 흠뻑 취했다. 그들에게 이것은 사랑에 대한 신비 체험의 일부였다. 이 모두가 예수 탄생의 신비를 더욱 생생하고 감각적으로 체험하고 싶은 내적 욕구에서 비롯되었다. 강생하신 하느님의 아들에 대한 깊은 사랑을 불러일으키기 위함이었다. "아기 흔들어 재우기"는 매우 인기가 있었다. 14,5세기의 많은 성탄 노래들이 자장가였다. 미사중에 그 노래들이 불려질 때 사제는 신자들에게 아기를 흔들어 보여주었다.

나는 어렸을 때 구유에 누운 아기가 뭔가 굉장히 낭만적이고 목가적이며, 고향과 안전의 느낌을 준다고 생각했다. 그 당시 우리는 구유를 직접 만들었다. 그리고 착한 일을 하나씩 할 때마다 하느님의 아들이 더 푹신하게 누울 수 있도록 짚을 보태 넣곤 했다. 그것은 분명 치기어린 생각이었지만, 어찌 보면 하늘 아기에게 우리가 직접 만든 구유를 선물했고 마음속에 하느님이 나실 장소를 마련했음을 표현하는 것이기도 했다. 그래, 우리 마음이 본래 구유인 것을!

아이들 자장가만 있는 것이 아니다. 헨델, 바하, 코렐리, 만프레디니 등의 성탄 음악은 자장가 리듬을 취한다. 성탄 오라토리오의 아리아 "잘자라, 내 아기, 평안히 쉬어라"를 들으며 가슴 위로 팔짱을 낀 채 몸을 이리저리 흔들어 보는 것도 내 성탄절 예식 중의 하나다. 그때는 하늘 아기가 구유에서와 같이 내 마음에도 누워 있는 듯한 예감이 솟구친다. 어느새 마음은 편안해지고, 구유의 아기가 주는 안전과 다정함을 느끼게 된다. 내 안은 깊은 평화로 그득하고, 마음속에 사랑 그 자체가 뽀송뽀송한 아기처럼 누워 있음이 느껴진다. 내 안의 하늘 아기를 흔드노라면 결국 나 자신이 더 사랑스러워지는 것이다.

이런 옛 관습들을 단순히 반복할 건 없다. 우리에게 중세의 "흔들기" 풍습은 많은 부분 너무 소박해 보인다. 그러나 이런 풍습이 그 많은 사람들을 휘어잡았다면, 거기에는 어떤 치유와 감동의 효과가 있을 것이다. 누구는 명상적인 춤을 추면서, 또 누구는 성탄 음악에 맞춰 이리저리 움직이면서, "흔들기"의 치유·진정 효과를 실감하리라. 이 일이 낯설고 유치해 보이는가? 그래도 한 번쯤 시도해 보라. 행여 그대에게 유익하지나 않을는지, 그대를 깊은 평화에로, 보호받고 있다는 느낌을 주는 포근한 사랑에로 인도하지나 않을는지 누가 아는가. ⚜

소와 나귀

루가 복음서에는 언급되지 않지만 예수의 탄생을 묘사하는 곳에는 꼭 소와 나귀가 등장한다. 오리게네스(†254 전후)도 이사야서 1장 3절을 베들레헴의 구유와 관련지었다. "소도 제 임자를 알고 나귀도 주인이 만들어 준 구유를 아는데, 이스라엘은 아무것도 알지 못하고 내 백성은 철없이 구는구나." 사람은 예수를 메시아로 알아보지 못하는데 소와 나귀는 구유의 아기에게서 주님을 보았다. 니싸의 그레고리오(†394)는 소와 나귀의 상징을 이렇게 해석한다: 소는 유대인들이 멍에처럼 묶여 있는 율법을, 나귀는 우상숭배의 짐을 지고 다니는 이교도를 상징한다. 유대인과 이방인을 짐과 멍에에서 해방시킨 하늘 아기가 바로 소와 나귀 사이에 누워 있다.

　교부들의 해석을 통해 그들이 소와 나귀를 상징적으로 이해했음을 알 수 있다. 그들의 해석은 의미심장하다. 이를테면 인간은 요란한 논증으로 강생의 신비를 오도하는 데 반해, 동물은 그리스도를 직감한다는 것이다. 오늘날 우리는 그 동물들을 심층심리학적으로, 인간의 충동성과 본능에 대한 상징으로 이해할지도 모르겠다. 예수 그리스도를 통한 하느님의 강생에 나타난 변화의 신비를 이해하는 것은 많은 경우 인간의 충동과 본능이다. 충동은 정신으로, 본능은 지혜로 변화될 수 있다. 많은 동화들이 이것을 보여준다. 첫째와 둘째 왕자는 자기들에게 말을 걸어오는 동물들을 무심히 그냥 지나쳐 가지만, 막내 왕자는 그 말에 귀를 기울인다. 그리고 도와달라는 청을 들어준다. 동물들은 위험에 빠진 그를 도와주고, 생명의 물에 이르는 길을 일러준다. 우리가 충동과 본능에 귀기울인다면, 그것들은 우리를 하늘 아기의 구유로 데려가 진정한 생명의 길을 가리켜 줄 것이다. 충동과 본능을 억압하는 사람, 머리로만 사는 사람은 머리로 모든 것을 조정하고 결정하려 들기 때문에, 자신의 가능성을 간과하고 자신과 멀어져 그 안에서 아무 새로운 것도 나올 것이 없다. 우리에겐 동물이, 충동과 본능이 필요하다. 그것 없이는 삶의 혁신도 새로운 탄생도 존재하지 않는다. 구유 옆의 소와 나귀는 우리 머리의 무거운 짐을 벗어놓고 겸허히 우리 안에 있는 동물들에게 관심을 기울이라 이른다. 그들은 아기를 알아보지 못한 채 생각만 거듭하는 우리의 머리보다 하늘 아기에 훨씬 더 가까이 다가가 있다.

전설은 소와 나귀가 아기의 언 몸을 입김으로 녹였다고 전한다. 그들은 아기의 모성적 피난처와 같다. 이처럼 충동과 본능도 우리 안에서 새로운 것이 나고 자랄 수 있게 해주는 온기와 자양분의 피난처다. 그래서 세상 추위에도 금방 얼어죽는 법이 없다. 융의 제자 아니엘라 야페Aniela Jaffé는 본능적인 것도 정신적인 것과 마찬가지로 성스럽게 체험되며, 자아의 편협을 넘어서는 것이라 한다. 본능과 정신성은 둘 다 인간의 전체성에 속하며 서로 신비스런 관계를 맺고 있다. 이러한 관계 없이 인간은 자아를 발견할 수 없다. 소와 나귀가 입김으로 하늘 아기를 따뜻하게 한다는 것은 인간 내면의 자연적·본능적인 것이 정신적인 것을 덥히고 키울 수 있다는 것, 생명력 없는 정신성은 차갑게 경직될 수밖에 없다는 것을 상징적으로 표현하고 있다.

교부들의 둘째 상징도 우리에게 복음이 될 만하다. 소와 나귀, 즉 충동과 본능이 긍정적인 효능만 지니지는 않는다. 그 안에 양가兩價감정이 병존한다. 그것들은 타성적이고 경직되고 완고한 율법과 우상숭배의 짐을 상징하기도 한다. 고집스레 앞만 "멍하니 응시하는" 소, 짐에 못이겨 쓰러지는 나귀는 삶의 태도를 상징적으로 보여준다. 그런 모습은 우리 모두에게 낯설지 않다. 우리는 고집스레 앞만 보고 제 갈 길을 간다. 그리고 한정 없이 자신에게 과중한 짐을 지우고 있다. 이런 율법신앙 속으로 아기 그리스도가 태어나신다. 아기는 법을 모른다. 자연발생적인 사랑으로 모든 법칙을 무너뜨린다. 그리고 아기는 우상숭배의 무거운 짐을 느끼지 않는다. 하느님을 우리에게로 억지로 끌어내림으로써 우리의 "에고"Ego를 우상화할 수 있다고 여기며 스스로 택하는 고행 따위를 알지 못한다. 아기는 모든 것을 가볍게 받아들인다. 우리에게 짐을 지우는 대신 존재의 가벼움을 가르친다. 사랑의 자발성과 존재의 가벼움 — 성탄은 바로 이 두 가지를 선물한다.

『레겐다 아우레아』*Legenda aurea*(복자 야코부스 드 보라진Jacóbus de Vorágine이 펴낸 황금 성인전 — 역자 주)는 소와 나귀를 모든 피조물의 대표로 본다. 모든 피조물이 구원의 몫을 지닌다. 전해오는 전설에 그런 이야기들이 많다. 성탄 밤에 장미꽃이 피는 이야기가 있는가 하면 숲이 꽃으로 가득한 공원으로 변하는 이야기도 있다. 무생물조차 그리스도의 강생에 감동을 받고, 로물루스(로마의 전설 속 창건자이며 첫 왕 — 역자 주)의 기둥이 허물어지며, 로마의 샘에서는 성탄 전야에 물 대신 기름이 솟는다. 이러한 전설의 상징들은 그대 안팎의 모든 것, 경직과 무의식, 지상적인 것과 충동적인 것까지 모두, 예수의 강생을 통해 변화될

수 있다는 것을 보여준다. 그대 안의 모든 것은 새로워
질 것이다. 암브로시오도 이렇게 말하지 않았던가: "한
처녀가 아기를 낳은 그것 자체가 새로운 것이었기 때문
에, 우리는 그리스도의 탄생으로 모든 것이 새로워졌다
는 것에 놀랄 필요가 없습니다." ⚜

객사

마리아는 예수를 구유에 뉘었다. "방에는 들어갈 데가 없었기 때문이다"(루가 2,7). 그리스어 "카탈리마"*katalyma*가 마구간 동굴 윗방을 뜻하건 여러 사람이 한 방에 묵는 대상隊商의 숙소를 뜻하건, "객사"라는 말은 내 어릴 적부터 특별한 울림을 지녔다. 그것은 안전과 고향의 이미지로 다가왔다. "객사"의 독일어 "헤르베르게"Herberge는 "헤르"Heer(군대)와 "베르겐"bergen(숨겨주다, 보호하다)의 합성어다. 따라서 원래는 군대를 숨겨줄 수 있는 장소를 뜻했다. "베르겐"은 "베르크"Berg(산)에서 왔는데, "안전하게 하다, 피난용 성채에 묵게 하다, 보호하다"라는 의미를 지닌다. 그러므로 객사는 전장의 군대가 적의 공격으로부터 보호되어 안전하게 숙영할 수 있는 장소를

말한다. 이는 우리의 내적 현실에 대한 아름다운 상징
이다. 객사는 내가 내면의 군대와, 내 안의 모든 호전
적인 세력들과 함께 휴식한다는 약속, 싸움을 멈추고
투쟁에서 쉴 수 있다는 약속이다. 서로 투쟁하는 여러
세력들이 서로를 편안히 놔둘 거라는 예감이다. 우리
안의 지겨운 투쟁이 그래도 언젠가는 그치기를, 우리가
편안해져 적이 우리 삶을 방해할지 말지 늘상 신경쓰지
않고도 삶을 누릴 수 있기를 그리는 마음이 우리 모두
에게 있다.

객사는 숨어 안전하게 머물면서, 제집처럼 있을 수
있는 곳이다. 외지인들의 보호처이며 여행자들의 숙소
다. 숙소를 찾는다 함은 바람과 날씨, 적대자로부터 보
호되는 안전한 공간을 찾는다는 것을 말한다. 이 말은
우리가 순례자적 존재임을 암시한다. 우리는 마리아와
요셉처럼 이방의 길 위에 있다. 언제까지나 여기 머무
를 수는 없는 순례자들이다. 그래도 우리에게 객사를
내주며 잠시나마 평안히 제집처럼 머물게 해줄 사람을
만났으면 한다. 그러나 객사는 오래 머물 집은 아니다.
안전과 불안의 긴장 속에 살 수밖에 없다. 우리가 도상
에서 고향으로 여기는 객사는 모두 천상의 영원한 집을
향해 있다. 위령 감사송은 이렇게 노래한다: "세상에서
깃들이던 이 객사가 허물어지면, 하늘에 영원한 거처가
마련되나이다." 모든 객사는 일시적인 고향일 뿐, 결코

영원한 고향이 아니다. 하느님이 영원한 거처로 우리를 맞아들이실 때라야 비로소 집다운 집에 드는 것이다. 그것이야말로 계속 옮겨다녀야 할 객사가 아니라 영원히 살 수 있는 "우리집"이다.

어린 시절, "숙소 찾기 놀이"를 하며 이런 노래를 즐겨 불렀다: "누가 문을 두드릴까요?" 가슴에 스미는 노래 가락 때문만은 아니었다. 묵을 곳을 찾아 헤맨 마리아와 요셉에게 일어났던 그 일이 우리에게도 일어날지 모른다는 예감 같은 것이었다. 행여 들어오라 하지나 않을까, 그 집에서 고향을 발견하지나 않을까, 그래서 자주 남의 집 대문을 두드렸지만 그때마다 허사였다. 나의 아버지는 "숙소 찾기 놀이"를 말 그대로 받아들여 매년 성탄절이면 외국 학생들을 집에 초대하곤 하셨다. 성탄시기에 그대의 문을 두드리는 사람들이 누구일지 떠오르는가. 어떤 식으로 그들에게 쉴 곳을 내줄 수 있을지 생각해 보라. 그들의 상충하는 감정이 편히 쉴 수 있도록 그대 마음속에 그들을 받아들일 것인지, 아니면 그대 집에 그들을 초대할 것인지. 자신에게 너무 무리한 요구를 하지 말고 양심의 가책 때문에 행하지 말아라. 그것은 그대에게 이롭지 않다. 어떻게 다른 사람들에게 묵을 곳을 마련해 줄 것인지에 대한 묘안은 다름 아닌 그대 마음속 객사의 모습에 달려 있다. ⚜

마리아

성탄 이야기의 중심에 마리아가 있다. 루가는 그녀를 아주 객관적으로 묘사한다. "첫아들을 낳아, 아기를 포대기에 싸서 구유에 누이었다. 방에는 들어갈 데가 없었기 때문이다"(루가 2,7). 목자들이 아기에 관해 들은 바를 알리는 장면에서 마리아는 이렇게 묘사되고 있다: "마리아는 이 모든 일을 마음속에 새겨 곰곰이 생각했다"(루가 2,19). 마리아에 관한 진술에는 모두 다섯 개의 동사가 쓰인다. 말하자면 그녀는 낳았고, 감쌌고, 뉘었고, 마음에 새겼고, 곰곰이 생각했다.

아기를 낳았으므로 마리아는 어머니이다. 어머니는 생명을 낳는다. 영靈의 열매가 자라나는 풍요로운 밭이다. 마리아는 영의 어머니이다. 그녀가 낳은 아들은 아버지의 말씀(로고스)이자 영이다. 마리아는 아기를 감싼다. 아기를 돌보는 것이다. 그녀는 아기에게 온기를 주어 이 세상 추위로부터 지켜주는 어머니다. 마리아는 아기를 구유에 눕힌다. "레겐"legen(눕히다)은 "리겐"liegen(누워 있다)에서 왔다. 그녀는 아기를 눕힌다. 루가가 쓰는 그리스어 "아나클리네인"anaklinein 또한 "눕혀 기대놓다"라는 뜻이다. 마리아는 아기에게 편안한 자리를 마련한다. 아기는 구유에 폭신하게 누워 있다. 루가는 아기가 누울 때 엄마한테 기댔으리라고 생각했음에 틀림없다. 아이들은 엄마 가슴에 기대거나 엄마 무릎 베고 눕는 것을 좋아하지 않는가. 그러면 안정되고 차분하며 보호받는 것 같다. 마리아는 낳은 어머니일 뿐 아니라, 보호하고 지키며 떠받치는 어머니다. 그런 어머니 곁에서 아기는 고향을 느낀다. 그녀는 그대가 기대어 그 곁에서 안전하고 편안하게 있을 모성의 하느님을 일깨운다.

마리아는 해산 후 이 모든 말씀을 마음속에 간직하고 그것에 대해서 곰곰이 생각했다고 되어 있다. 그리스어 "신테레인"synterein과 "심발레인"symballein에 대해서 좀더 생각해 보자. "신테레인"은 "시선을 던지다, 주의하다, 관찰하다, 간직하다"라는 의미다. 마리아는 거룩한 말씀을 태내에 받아들였던 것처럼 목자들이 전하는 말들을 받아들인다. 그녀는 이 말들을 마음으로 꼼꼼히 새겨 들으며 그 근본을 본다. 그녀는 하느님이 자기에게 하신 말씀이 세상의 수다와 요설 속으로 사라지지 않도록 세심한 주의를 기울이는 것이다. "심발레인"은 본디, "한데 던져 모으다, 수집하다, 결합하다, 만나다, 비교하다, 깊이 생각하다"라는 의미다. 마리아는 전해 들은 갖가지 말을 몸소 체험했던 실제와 비교한다. 이로써 무슨 일이 일어났는지를 더 잘 이해한다. 그녀는 그 말을 헤아리며, 마치 아기를 흔들 듯이 그 말을 흔든다. 그 말이 무슨 이야기를 하는지, 그 말에 어떤 맛이 나는지, 마음에 무엇을 불러일으키는지, 속으로 느껴보기 위함이다.

화가들은 성탄화를 그릴 때 마리아와 아기를 언제나 중심에 배치했다. 마리아는 아기를 품에 안고 있거나 사랑스럽게 입을 맞추고 있다. 이콘에서는 마리아가 예수에게서 눈길을 돌려 관람자를 바라보고 있다. 그녀는 자신의 존재 전부를 바쳐 육화의 신비를 알리는 것이다. 중세 그림에는 더러 마리아가 구유나 바닥에 누운 아기 앞에서 무릎을 꿇고 경배하고 있다. 루가가 다섯 동사로 표현한 것을 화가들은 이런 그림으로 표현한다. 마리아는 이 탄생의 신비를 감지한다. 그때 무슨 일이 일어났는지를 마음으로 거듭 헤아리며, 아기의 신비 속으로 깊이 묵상해 들어가는 것이다. 루가에게 마리아는 신심깊은 여인이었다. 그는, 어떻게 우리도 예수 그리스도를 통한 하느님의 강생을 믿을 수 있는지를 마리아를 통해 상징적으로 보여준다. 간직하고 곰곰이 생각하기, 관조하고 마음속으로 이리저리 굴려보기 — 예수의 탄생에 대한 우리의 반응을 표현하는 말로 이 이상의 것은 없다. 우리는 하느님의 말씀을 마음에 간직하여 그것을 우리가 발 디딘 현실과 비교해야 한다. 말씀이 우리를 열어 말씀의 빛으로 현실을 새롭게 인식할 때까지, 삶에 내재된 하느님 사랑의 신비에 놀라 무릎 꿇을 때까지. ⚜

요셉

요셉은 6세기 이후에나 성탄화에 등장하는데, 더러는 원추형 모자를 쓴 구약성서나 유대인 회당의 대표자로 묘사된다. 이콘에서는 이사야 예언자가 생각에 잠긴 요셉에게 동정녀 해산의 신비를 설명하고 있다. 중세 후기의 성탄화에는 요셉이 더욱 빈번하게 등장한다. 요셉은 가장家長으로서 목욕물을 데우고 불을 지피고 밥을 짓는다. 흔히 그는 신발을 벗고 있다. 거룩한 땅을 경외하여 불타는 가시덤불 앞에서 신을 벗었던 모세를 연상시킨다. 요셉의 바지가 중요한 역할을 하는 그림들이 많다. 그는 바지를 벗는 중이거나 이미 벗은 상태다. 아기 예수의 벗은 몸을 덮어주려는 것이다. 바지가 아기를 감싸는 포대기 구실을 한다. 성탄의 상징을 주제로 한 어느 강좌에서 바로 이 그림이 참석자들의 관심을 끌었다. 요셉이 바지를 벗었다는 것은 가식 없이, 벗은 채, 지금 있는 모습 그대로 강생의 신비에 다가감을 의미한다. "그(녀)가 바지를 입고 있다"라는 관용구는 한쪽 배우자가 집에서 실권을 쥐고 있다는 뜻이다. 요셉은 모든 실권을 포기하고, 물러나 아버지 역할에 충실한다. 그는 그저 아기 앞에 놀라 서 있을 뿐이다. 마르틴 루터는 요셉을 "천박스럽게" 묘사하지 못하도록 했지만 예언자적 수녀 마르가레테 에브너는 달랐다. 요셉이 왜 하필 바지를 하늘 아기의 포대기로 썼느냐고 그녀가 물었을 때 예수는 환시를 통해 이렇게 대답했다: "그분은 당신이 가지고 있던 것으로 나를 감쌌습니다. 나에게 어울리는 것을 가지고 있지 못했기 때문이지요." 이 말은, 우리가 드릴 수 있는 것이 과연 좋고 어울리는 것일까 염려할 필요 없이, 우리가 지금 가진 것만으로도 하늘 아기를 감쌀 수 있다는 격려다.

성서에서는 특히 마태오가 요셉을 자세히 그린다. 루가에게 마리아가 탄생 이야기의 중심이라면, 마태오는 요셉의 눈으로 탄생을 본다. 마태오는 요셉이라는 인물을 통해, 메시아의 탄생에 어떻게 반응하는 것이 올바른 것인지 보여준다. 요셉은 의로운 사람이었다 한다. 그는 마리아를 웃음거리로 만들 수 없었다. 사실, 까닭 모를 임신은 고발 사유가 되기에 족했다. 그러면 마리아는 돌에 맞아 죽거나 교수형을 당할 게 뻔했다. 요셉은 약혼녀를 보호하려고 남몰래 헤어질 생각을 한다. 그는 의로운 사람이다. 올바르게 행동한다. 자기 약혼녀뿐 아니라 그녀가 처한 상황도 바로 볼 줄 안다. 율법을 따를 사안이 아니다. 그는 율법을 따르기보다는 차라리 사람을 따르려 한다. 그 의로움은 그가 다시 일어나 바르게 살 수 있는 공간을 제공한다.

요셉이 어떻게 처신해야 옳을지를 깊이 생각할 때, 하느님께서 개입하신다. 그분은 꿈에 천사를 보내시어 일어난 일을 설명하고, 마리아를 아내로 맞이하라 이르신다. 요셉은 자초지종을 이성적으로 설명하지 못한다. 그렇다면 꿈이 필요하다. 천사가 찾아와 진상을 바로 볼 눈을 열어주어야 하는 것이다. 요셉은 꿈속의 천사가 한 말에 귀기울인다. "요셉은 잠에서 깨어나자 주님의 천사가 지시한 대로 아내를 데려왔다"(마태 1.24). 마태오 복음서에는 예수의 탄생 이야기가 거듭 꿈과 더불어 서술된다. 꿈속의 천사는 그때그때 무슨 일이 일어날 것인지를 요셉에게 설명하고, 행동 방침을 구체적으로 지시한다. 이집트로 피신해야 한다는 것도 꿈에서 알고 그대로 행한다. 헤로데가 죽었다는 것과 이제 되돌아갈 때가 되었다는 것도 꿈 때문에 안다. 그는 일어나 마리아와 아기를 데리고 이스라엘 땅으로 돌아간다. 꿈은 그에게 유대 땅 아닌 갈릴래아로 가라고 명한다. 그래서 나자렛에 정착한다. 여기서도 요셉의 행동을 묘사하는 동사가 중요하다. 요셉은 깊이 생각하며 자기 상황을 숙고하는 한편, 새로운 빛으로 현실을 보게 하는 꿈에도 귀기울여 순종한다. 꿈에 반응하여 일어선다. 자기 발로 서서 상황에 대처한다. 자기에게 맡겨진 마리아와 아기를 돕는다. 그는 어머니와 아기를 떠맡는다. 여기 해당하는 그리스어는 "받아들이다, 접촉하다, 떠맡다, 보호하다"라는 뜻이다. 요셉은 마리아와 아기를 있는 그대로 받아들이고 지키고 돕는다. 그는 늘 길 떠나고 피신했다 한다. 요셉은 꿈이 명하는 대로 몇 번이고 다시 길 떠나는 순례자의 상징이다.

하느님이 우리 안에 태어나시려면 우리에게는 마리아의 모성뿐 아니라 그녀의 믿음이 필요하다. 아기와 어머니를 지키는 요셉도 우리 안에 있어야 한다. 행동력과 규율와 순종으로, 마리아가 아기를 품에 안을 공간을 지키는 남성성이 필요하다. 우리 안에 하늘 아기를 낳아줄 어머니의 모태는, 위험에서 그것을 지켜줄 남성의 힘을 필요로 한다. 바르게 행하기 위해서 남자는 꿈에 귀기울여야 한다. 꿈이 없다면 맹목이다. 성탄화에 그려진 요셉을 바라보거나 요셉에 관한 성탄 이야기를 읽어 보라. 그대 안에 솟구치는 새로운 무언가를 지켜주는 기운을 거기서 발견하게 될 것이다. ⚜

목자

목자는 메시아 탄생의 첫 증인이다. 권력자, 율법학자가 아닌, 목자들에게 메시아 탄생 소식이 전해진다. 목자의 이미지는 양가적兩價的이다. 랍비 문헌에는 아주 부정적으로 나와 있다. 사기꾼 혐의를 받기도 한다. 랍비 요세 벤 하니마Jose ben Chanima는 "세상에 목자의 일보다 더 경멸스런 일은 없을 것이다"라고 했다. "경멸스런" 목자들에게 그 소식이 전해졌다 함은 필경 하늘 아기의 가난을 강조하는 것일 터, 이는 자신을 비하하는 모든 이에게 위안을 준다. 바로 그들에게 그리스도의 탄생 소식이 필요했을 것이다. 자기비하의 와중에서도 그들은, 자기들을 위해서도 그리스도가 태어나고 하느님이 당신 아들의 탄생을 통해 자기들에게 관심을 기울여

"큰 기쁨"을 전한다는 것을 믿는다. 바로 그들에게 하늘이 열리고, 하느님의 천사들이 눈부신 광채와 자애로 그들을 에워싼다. 자기비하와 자해의 틀에서 그들을 해방시키는 구원자가 태어나신 것이다.

이러한 부정적 시각과는 달리, 유대와 그리스 전통에는 목자에 대한 긍정적인 상이 있었다. 이스라엘의 선조들은 목자였다. 모세와 다윗도 그러했다. 무엇보다 하느님 스스로가 풍성한 풀밭 위로 우리를 인도하시는 목자시다(시편 23 참조). 그렇다, 하느님은 그 백성에게 메시아가 될 목자의 탄생을 약속하셨다(미가 5 참조). 하느님 뜻에 따라 백성을 정의로 다스릴 목자의 탄생이 바로 베들레헴의 마구간에서 기다려지고 있었다. 그리스인들은 목자가 왕자 아기를 발견한다는 모티프를 알고 있었다. 버질은 하느님이 목자들에게 신비를 드러내 보이신다고 했다. 오리게네스는 버질의 관점을 받아들여, 천사가 목자들에게 최초로 그 기쁜 소식을 전했음을 믿었다. 썩지 않은 그들이야말로 하느님의 말씀에 그만큼 민감할 것이기 때문이다. 여러 문화권에서 목자는 신중하고 배려깊은 아버지 상을 상징한다.

어린 시절, 목자들은 내게 외경심을 불러일으켰다. 목자들은 깨어 지킨다. 밤을 겁내지 않는다. 도둑과 사나운 짐승도 무섭지 않다. 그들은 남들이 다 자는 동안 깨어 있다. 밤과, 어둠과, 신비스러운 것과 친숙하다.

그러면서 그들은 사자와 늑대로부터 양떼를 지키고 보호한다. "보호한다"는 것에는 어딘지 모성적인 데가 있다. 목자들은 자기 양들을 돌보고 주의를 기울인다. 마치 안전모와 같다. 예수께서는 양들을 위해 목숨을 바치며, 당신 양들 모두를 알고 있는 착한 목자라 스스로 일컬으신다(요한 10,11.14). 목자들은 밤과도 친하거니와 동물들과도 친하다. 그 점에 있어서 도시 사람들보다 밤에 훨씬 다가서 있다. 그들은 생명력있는 것, 본능적인 것, 충동적인 것을 직감할 줄 안다. 때문에 충동과 본능을 신중히 다룬다. 그들은 자기들의 충동에 분노하지 않으며, 그것을 무슨 귀중품처럼 보호한다. 그것에 지배되는 것이 아니라, 그것을 조종하고 지배하며 보호한다. 그래서 그들이 한밤중에, 동물들에게 일어난 하느님 탄생의 신비에 대해 더 열려 있는 것이다.

목가牧歌는 사랑을 노래한다. 코렐리와 만프레디니의 성탄 협주곡들과, 바하의 성탄 오라토리오 중 교향곡과, 헨델의 「메시아」 중 전원곡은 "시칠리아 박자"로 이루어져 압루첸 산맥(이탈리아 아펜닌 산계의 일부 — 역자 주) 목자들의 음악을 연상시킨다. 그런 음악에는 어떤 흔들림이 있어 안전과 사랑을 전한다. 전원음악은 목자들을 멸시당하고 핍박받는 사람이 아니라 생명과 사랑에 대해 뭘 좀 아는 사람들로 그리고 있다. 그들은 내밀한 사랑을 할 능력이 있으니, 이는 그들이 사랑에 더 가까이 서 있고, 그리스도의 탄생에서 신적인 사랑의 신비를 인식하는 까닭이다.

따라서 천사가 목자들에게 메시아 아기의 탄생을 알린 것은 놀랄 일이 아니다. "주님이 알려주신 대로 일어난 일이 무슨 일인지 알아보기"(루가 2,15) 위하여 그들은 즉시 길을 떠났다. 그리고 아기와 어머니를 보고는 하느님을 찬미하며 돌아갔다. 화가들은 목자들의 경배를 특별히 사랑스럽게 그렸다. 그들은 굳은살투성이의 손으로 기도하고 있으며, 거친 얼굴은 때로 애정어린 모습으로 환히 밝아진다. 각 나라의 구유에는 목자들에 대한 각별한 애정이 드러나 있다. 목자들은 구유에 누우신 아기에게 드리려고 저마다 가진 것을 들고 왔다. 이 목자들을 보라, 그 모습에서 그대 자신을 재발견할 수 없겠는지. 지금 있는 그대로 구유 곁에 가라, 가서 그대 두 손을 하늘 아기께 내밀어라. 일에 닳고 거칠어진 상처투성이 손, 사랑스런 손, 모든 것을 놓쳐버린 그대의 빈손, 이것을 그대는 구유에 누우신 아기에게 내보이려 하지 않았던가. 그 아기에게 드릴 선물에는 재능도 업적도 필요치 않다. 텅 빈 두 손이면 족하다. 빈손에 그대의 진실을 담아 아기에게 드려라: 아기는 그대의 손을 변화시켜, 성탄화에 나오는 목자들의 손처럼 부드럽고 사랑스럽게 만들어 줄 것이다. ✠

천사

성탄 사화에서 천사는 중요한 역할을 한다. 가브리엘 천사는 마리아에게 아들의 탄생을 알린다. 어떤 천사는 목자들에게 복음을 전한다: "오늘 다윗의 고을에 구원자가 태어나셨으니, 곧 주님 그리스도이시오"(루가 2,11). 그리고 천사들의 하늘 군대가 나타나 성탄 노래를 부르기 시작한다: "지극히 높은 곳에서는 하느님께 영광, 땅에서는 사랑받는 사람들에게 평화!"(루가 2,14). 어떤 천사는 요셉의 꿈에 거듭 나타나 그에게 무슨 일이 일어났으며 그가 어떻게 처신해야 하는지를 설명한다. 천사 없는 성탄화는 상상할 수 없다.

천사는 하느님의 심부름꾼이다. 그들은 하느님의 말씀을 사람들에게 전하며, 도움과 치유의 하느님이 가까이 계심을 보여준다. 그리고 사람들의 삶에 개입하며, 위험으로부터 보호하고, 그들의 길을 지켜주며, 꿈속에서 말을 건넨다. 천사는 또하나의 심오한 현실을 전해주는 사절단이다. 그들은 안전과 고향, 가벼움과 기쁨, 활기와 사랑을 그리는 우리의 동경을 상징한다. 그들은 하늘과 땅을 잇는다. 우리에게 하늘을 열어주고, 우리의 삶에 하늘의 광채를 부여한다. 주님의 천사가 목자들에게 다가갔을 때 하느님의 광채가 주위를 비추었다. 하느님의 영광이 그들을 빛으로 에워쌌던 것이다. 그들의 삶은 점점 밝아질 것이다. 루가 복음서에 나오는 천사들은 날개 달린 귀엽고 작은 아이들이 아니다. 목자들은 두려웠고 당황스러웠고 놀랐다. 그들은 천사에게서 하느님의 장려壯麗하면서도 강력한 현존을 감지했다. 천사는 두려움을 앗아가는 동시에 목자들에게 큰 기쁨을 전한다. 이것이 천사들의 더욱 중요한 특징이다. 그들은 기쁨의 사자使者다. 우울한 우리의 일상에 기쁨을 가져다준다. 그 기쁨의 원천은 치유하시는 하느님이 가까이 계심에 있다.

천사의 권능이 복음을 전하자 하느님을 찬양하는 "수많은 하늘 군대가"(루가 2.13) 나타난다. 천사들은 하늘과 땅을 잇는다. 지상의 우리와 하늘의 영광을 가르는 경계를 없앤다. 천사들은 천상의 전례를 봉행하며, 언제나 하느님을 찬양한다. 그리고 우리가 미사를 드릴 때

면 우리에게도 하늘이 열리고, 천상의 전례에 참여하게
된다. 미술은 하느님을 찬양하는 천사들의 하늘 군대
를, 마음을 다해 노래부르며 갖가지 악기를 연주하는
어린 천사의 무리로 표현했다. 성탄 천사 그림은 가볍
고 기쁘고 즐거운 삶의 기운을 발산한다. 여기서 미술
은 천사들의 중요한 한 단면을 표현하고 있다. 그들이
우리에게 하늘을 열어줌으로써 지상 생활의 곤고함을
해체한다는 것이다. 그들은 우리를 존재의 가벼움에 참
여케 한다. 그들은 삶의 기쁨뿐 아니라, 우리가 하느님
앞에서 하느님을 찬양해도 된다는 천진스런 기쁨도 전
한다. 곧 존재에 대한 동의와, 하느님이 온전케 하실
우리 삶과의 일치를 표현하고 있는 것이다.

성탄 천사들이 그대를 존재의 가벼움으로, 삶의 기쁨
으로 인도하기를! 그리고 하느님께서 그대를 마음에 들
어하신다고 말해주기를! 그러면 그대는 날개를 달고 그
들과 함께 잿빛 현실을 넘어 높이 솟아오를 것이며, 마
침내 하늘이 그대 위로 열릴 것이다. 성탄의 표징인 많
은 천사들 중에는 분명 그대에게 정해진 한 천사가 있
을 것이다. 바로 그대를 위해 구원자가 태어나신다는
그 큰 기쁨을 그대에게만 전하기 위함이다. 그분은 삶
의 질곡에서 그대를 풀어줄 메시아이며, 그대가 삶을
성취하도록 그대 편에서 도와주실 주님이시다. ⚜

꿈

마태오 복음서에서 꿈은 예수의 탄생에 결정적인 의미를 지닌다. 요셉은 꿈에서야 자기 약혼녀와 그녀의 잉태에 얽힌 신비를 안다. 그에게는 이 사건을 이성적으로 이해할 재간이 없다. 꿈은 그가 마리아와 새로 태어난 아기를 어떻게 대해야 할지 바르게 지시해 준다. 동방박사들도 꿈에 귀기울인다. 별과 꿈이 새로 태어난 왕에게 가는 길을 일러준다. 그리고 귀향길은 다른 길을 택해야 한다는 것도 꿈속에서 알게 된다.

성탄에 일어난 사건은 백일몽이나 환상이 아니다. 충만한 삶과 새로운 시작에 대해 우리가 품는 모든 꿈의 실현이다. 우리의 꿈도 마태오와 루가가 예수의 탄생을 전할 때 했던 말과 똑같은 말을 한다. 우리 안에 터지려는 새로운 것을 우리에게 알리는 아이들이 우리의 꿈속에 있다. 하늘에서 내려와 소식을 전해줄 빛나는 별들이 거기 있다. 왕과 목자들이 있고, 소와 나귀도 있다. 우리의 꿈속에는 아기를 낳은 처녀도 있다. 우리가 그 아기를 낳을 필요는 없다. 하느님이 직접 우리에게 주실 것이다. 그것은 성서가 일어나지 않은 것을 이야기한다는 뜻이 아니다. 성서는 우리 꿈과 비슷한 말로 이야기한다. 우리가 요셉처럼 꿈을 믿는다면 우리도 성탄의 신비를 이해하게 될 것이다. 도대체 당시 베들레헴에서 어떻게 그런 일이 실제로 일어날 수 있었는지 이성적으로 따지고 들 필요는 없다. 그것은 그리 중요한 문제가 아니다. 꿈이 우리에게 말하는 것이 바로 현실이 된다. 하느님은 사람이 되시고 우리 삶은 변화된다. 새로운 시작이 일어난다. 돌연 밤이 밝아지고, 천사들은 노래를 부른다.

어떤 신부가 내게 말하길, 꿈속에서 큰 빛을 보았다고 했다. 그때 그에게는 하느님이 정말로 거기 계시고, 그를 비추신다는 사실이 명백해졌다. 이젠 하느님을 굳이 **믿을** 필요가 없다. 그에게 하느님은 내적 **확실성**이 되어버린 것이다! 하느님은 빛이라는 요한의 진술은 그에게 현실이 되었다. 하느님은 나의 어둠을 비추신다. 성탄은 그대의 꿈들을 새삼 믿도록 한다. 꿈이 무상한 것만은 아니다. 정말로 그대 안에 무슨 일이 일어나고

있는지를 꿈은 보여준다. 그대 안에서도 동정녀 잉태는
이루어진다. 그대 영혼에는 미답未踏의 것들이 너무도
많아, 하느님은 꿈속의 당신 말씀만으로도 그 모두를
생명에로 깨울 수 있다. 하느님은 그대 안에 새로운 것
을 친히 만들어내신다. 그대는 하느님과 직접 통한다.
그러므로 하느님께서 일하시면 그대는 아무것도 스스
로 일하여 얻지 않아도 되며, 다른 사람에게 기대할 것
도 없다. 그대 안에는 하늘 아기를 낳은 그 처녀가 있
다. 새로운 시작이 있다. 그대 태어날 때 하느님이 만
드셨던 그 본원적인 모습이 그대 삶의 한밤중에 별처럼
환하게 빛나고 있다. 그대는 유일하고 특별한 존재다.
그대 안에도 성탄의 기적은 일어난다. 그대의 마구간은
경배의 장소가, 그대의 밤은 환한 대낮이 될 것이다.
불안은 신뢰로, 냉기는 사랑으로 변할 것이다. ✤

성탄의 평화

땅 위의 평화는 성탄 소망의 핵심이다. 독일 대통령의 성탄 인사에는 늘 평화라는 주제가 강조된다. 전례가 진행되는 동안에도 내내 평화가 언급된다. 성탄 제1 저녁기도는 "평화의 왕"Rex pacificus이라는 후렴으로 시작한다. 천사들은 들판에서 성탄 노래를 부르며 하느님을 찬양한다: "지극히 높은 곳에서는 하느님께 영광, 땅에서는 사랑받는 사람들에게 평화!"(루가 2,14). 예수의 탄생을 통해 하늘에 계신 하느님에게나 어울릴 광채가 땅 위에 나타난다. 그리하여 하느님의 영광이 사람들 가운데 나타나면, 하느님과 인간 사이의 분열은 해소되고 평화가 도래한다. 하느님과의 평화는 사람들끼리의 평화도 가능하게 한다. 자신과 하느님으로부터 멀어진 사람만이 평화에 무력하기 때문이다. 자신에게 만족하고 하느님과 더불어 평화롭게 살게 되면 형제자매와도 평화롭게 지낼 것이다.

루가는 평화의 성탄 메시지로 "평화의 황제" 아우구스투스에 반대할 계획을 세웠음이 분명하다. 루가는 의식적으로, 예수의 탄생을 조세 목록 등록령을 내린 아우구스투스 황제와 연결시켰다. 동시대인들에게 아우구스투스는 온 세상에 평화를 실현한 위대한 "평화의 사도"였다. 그런 이유로 기원전 9년에 로마에는 "평화의 제단"ara pacis이 세워졌다. 또 이 무렵 프리네 비문에는 이렇게 새겨져 있다: "만물을 주재하는 섭리가 인간의 구원을 위해 이 사람을 비범한 능력으로 충만하게 하여, 그를 우리와 후세의 구세주로 보냈으니, 그가 모든 반목을 끝내리라." 복음서에서 루가는 동시대인들에게 예수를 진정한 평화의 사도로 내세운다. 예수께서 베들레헴에 태어나셨을 때, 천사들이 평화를 알렸다. 이 평화는 세속 평화를 넘어, 아들의 육화를 통해 이 땅에 오신 하느님의 영광에 뿌리내리고 있다.

그리스도께서 당신의 탄생을 통해 우리에게 가져다주신 평화는 그저 전쟁 없는 세상만을 뜻하는 것이 아니다. 그것은 모든 관계를 통해 온전한 인간으로서 누리는 구원적 삶을 의미한다. 하느님의 사랑을 너무도 많이 받고 있음을 알기에, 자신과 온전히 일치될 수 있음을 말한다. 하느님이 아기로 탄생하셨기에 사람은 자신과 일치될 수 있다. 그때는 인간 존재가 (플라톤이 생각한 것처럼) 그렇게 신적인 근원으로부터 소외되고 단절된 것이 아니라는 느낌을 받는다. 하느님이 사람이 되시면, 사람은 자신을 조건없이 긍정할 수 있고, 자신의 신적 존엄을 발견하게 된다. 자신과의 일치는 다른 피조물, 다른 사람과의 평화도 가능케 해줄 것이다. 그들은 이제 우리의 적이 아니다. 설사 그들이 우리를 적대시한다 하더라도 우리는 마음으로 경험한 것과 똑같은 평화를 그들에게 바랄 것이다.

내 안에 그리스도가 태어나신다는 것을 상상만 해도 나는 성탄절에 이러한 내적 평화를 체험한다. 들여다보면, 내 안에는 문제들, 내적 분열, 빗나간 소망, 환상, 상처와 상심만 있는 것이 아니다. 그리스도 친히 그 안에 사시기 때문에 평화 가득한 공간도 있음을 느낀다. 이러한 내적 공간에서 나는 나 자신과 삶과의 평화를 누릴 수 있다. 내적 평화를 체험하면 내 이웃에 대한 생각도 평화로워진다. 적의와 분노는 들어설 여지가 없다. 내게 평화란 모든 이들과 평화롭게 지내라는 명령이 아니다. 타인과의 평화는 나의 내적 평화 체험에서 비롯된다. 내가 평화를 만들어낼 필요가 없다. 평화는 이미 내 안에 있다. 그것은 절로 퍼져간다. ✢

크리스마스 트리

16세기 이래 독일에서는 성탄 때 전나무를 치장하여 세워두는 관습이 있다. 전나무는 한겨울에도 푸르름을 잃지 않아서, 예부터 엄동에 굴복하지 않는 삶의 신비한 힘을 상징했다. 크리스마스 트리는 원래, 악령을 막기 위해 성탄절과 주님 공현 대축일 사이의 열두 밤(Rauhnächte) 동안 푸른 나뭇가지를 집안에 걸어두었던 옛 게르만인들의 풍습에 기원을 둔다. 악령을 쫓는 데는 두 가지 방법이 있다. 하나는 사람과 동물이 늘푸른 식물의 생명력을 전달받는 것이고, 다른 하나는 촛불로 겨울밤의 어둠을 밝혀 그 불빛으로 악령들을 쫓는 것이다. 전통적으로 성탄 나무는 촛불을 밝힌 늘푸른 나무로서, 그리스도를 집안으로 모셔와 불안과 불화와 질투의 모든 악령들을 그 집에서 쫓아내는 것이다. 춥고 어두운 한겨울, 그것은 세상에 빛과 온기를 가져다준다.

그리스도교 신자들은 성탄 전나무를 "생명의 열매"가 열리는 낙원의 나무로 여겼다. 생명의 열매는 사과나 호두로 표상되거나, 낙원의 온전함과 구원을 상징하는 크리스마스 트리의 장식용 구슬로 표현된다. 옛 전설은 죽을 병이 든 아담이 고통을 달래려고 아들 셋Set을 에덴 동산으로 보내 생명나무의 기름을 가져오게 했다고 전한다. 그러나 미카엘은 아담에게, 5500년 후 하느님의 아들이 지상으로 내려와 친히 자비와 은총의 생명나무로 인도할 것이라 말했다. 이런 약속과 함께 그는 생명나무의 어린 가지 하나를 셋에게 주면서 지상에 심게 했다는 것이다. 크리스마스 트리는 은총나무의 가지다. 당신 아들의 탄생을 통해서 하느님이 우리를 그리로 이끄시면, 그 나무의 기름이 우리 고통을 달래줄 것이다.

어느 민족에게나 나무는 풍요와 생명력의 상징이다. 고대에는 신 하나에 나무 한 그루씩이 짝지어졌다: 주피터에게는 떡갈나무, 아폴로에게는 월계수, 비너스에게는 은매화. 구약에는 에덴 동산의 생명나무(선악과)가 있다. 그리스도교에서는 이러한 생명나무가 십자가를 통해 구현되었다고 본다. 십자가야말로 우리에게 참생명을 주는 나무다. 그리스도 친히 거기에 달리셨으므로 결코 시들지 않는다. 그 나무는 하늘과 땅을 이어준다.

땅 속 깊이 뿌리내리고 어머니 대지로부터 힘을 받는다. 하늘 높이 솟아 그 우듬지를 위로 뻗는다. 그래서 나무는, 나무처럼 대지에 뿌리내리고 관을 쓴 제왕처럼 우뚝 선 사람의 모습을 상징하기도 한다. 그늘을 베푸는 나무가 모성의 상징이라면 나무등치는 남성의 상징이다. 나무에는 남성성과 여성성이 결합되어 있다. 그리하여 나무는 하늘과 땅뿐만 아니라 남성과 여성도 서로 이어준다.

크리스마스 트리의 보편적 상징에는 중요한 특징이 몇 가지 있다. 우선, 하늘과 땅의 결합이다. 성탄절에 하느님이 하늘과 땅의 경계를 없애시자 땅에서도 하늘이 보였다. 잘려진 가지에서 새순이 돋는 나무의 상징은 필경 크리스마스 트리에 영향을 미쳤음이 분명하다. 이새의 그루터기에서 새순이 돋는다는 이사야 예언서의 대림 약속은 여기서 비유적으로 표현되고 있다. 내가 좌절한 곳, 내 안의 무엇이 잘려 나간 곳, 길이 끊긴 곳, 바로 거기서 그리스도의 탄생은 내 안에 뭔가 새로운 것이 터져나올 거라는 확신을 준다. 그것은 지금까지 있던 어떤 것보다 진실하고 아름다운 것이리라. 크리스마스 트리는 그리스도의 탄생으로 우리 안의 생명이 영원히 승리하여 어떤 혹한에도 밀려나지 않을 것이며 남녀간의 투쟁이 서로간에 극복될 것이라는 것을 상징한다. 하느님이 태어나시면, 남성과 여성의 대립은 의미가 없으며, 모든 이는 자신들의 신적 본성 안에서 하나가 된다.

그것이 바로 우리가 반짝이는 금줄과 장식 구슬과 초로 꾸민 늘푸른 나무, 크리스마스 트리를 통해서 하는 약속이다. 성탄 장식에 쓰는 전나무 가지는 독특한 향기를 풍긴다. 전나무 향기를 맡으면 어린 시절의 성탄절 정서가 되살아난다. 그때는 그리스도의 탄생으로 우리 집과 내 방이 달라졌다는 느낌이 들었다. 하느님이 내 가까이 오셔서 우리 집에, 내 방에 사신다고 생각했다. 그리고 그분의 가까이 계심이 고향과 안전, 다정과 사랑의 향기를 퍼뜨렸다. 그것은 성탄절의 향기 때문에 고조되는 향수鄕愁 같은 것이 아니다. 하느님이, 신비가 친히 우리와 함께 계시다는 예감이다. 그리고 그 신비가 우리와 함께 있기 때문에, 우리는 집에서 본향을 느낄 수 있는 것이다. 전나무 한 그루로 우리는 숲의 실제성을, 나아가 자연과 모든 피조물의 실제성을 집 안에 들여놓는 셈이다. 자연과 문명의 갈등은 해소되고, 우리는 집에서도 어머니 대지가 뿜어내는 힘에 동참할 줄을 안다. 하느님의 강생으로 모든 피조물이 거룩해졌다. 우리 인간도 그러한 신적 피조물에 한몫을 차지하고 있다.

전나무 향기가 그대 안에 불러일으키는 것은 무엇인가? 그대의 크리스마스 트리를 보라, 보면서 그대 안에 떠오르는 이미지들을 감지하라. 치장된 나무는 그리스도를 통한 하느님 강생의 중요한 한 측면을 드러낸다. 하느님이 자연 속에 내려오시면, 자연은 총체적으로 변화된다. 동물적 생명력과 그대의 인생사만 치유되는 것이 아니라, 그대 안의 온 신경계까지 변화된다. 그대 안의 모든 것을 변화시키고 치유하시기 위해 그리스도는 그대 몸 속까지, 자율신경계에까지 내려오실 것이다. 그리하여 하늘의 향기로 그대를 가득 채우실 것이다. 그대가 스스로 그 향기를 풍길 수 있도록, 그대 모습에 만족할 수 있도록. ✢

선물

아이들에게는 성탄 선물 잔치도 중요했다. 아름답게 꾸민 거실에서 성탄 종소리가 우리를 부르면, 아버지는 먼저 성탄 복음을 읽으셨고, 우리는 "고요한 밤"을 불렀다. 어느새 우리는 탁자 위의 선물로 은밀한 눈길을 던지고 있었다. 어떤 선물이 기다리고 있을까. 50년대의 선물은 확실히 오늘날과는 의미가 달랐다. 우리는 작은 것에도 만족했고 쉽게 기뻐했다. 물론 그때도 소망을 충족시키는 것이 늘 쉽지만은 않았다. 네 살짜리 내 누이가 머리숱이 있는 인형을 선물로 받았을 때, 두 살배기 누이는 머리숱 없는 인형을 받았다. 포장을 풀어 본 두 살배기는 선물을 구석으로 집어던져 버렸다. 아버지는 그래도 그 인형이 얼마나 예쁜지를 아주 참을

성있게 설명했다. 그러나 아버지의 설명이 끝나자 인형
은 또다시 구석으로 내팽개쳐졌다. 아버지도 어쩔 도리
가 없었다. 어찌되었건 우리 다른 형제들이 그때 내 어
린 누이의 실망을 달래주었던 기억이 난다.

오늘날 많은 이들이 선물 스트레스에 빠져 있다. 그
들은 누군가에게 무엇이 필요해서라거나 선물을 기뻐
해서가 아니라, 그저 잘 보이려고 선물한다. 선물이 서
로에게 의무가 되었다. 서로 자기 선물로 다른 사람을
압도하려는 부담을 안고 있다. 남이 나에게 더 큰 선물
을 하면 마음이 불편하다. 그런 선물은 그리 유쾌하지
않다. 어지간한 것은 이미 다 가지고 있다고 툴툴거리
는 사람들도 많다. 받은 선물을 "환경친화적"으로 처분
하는 것도 고역이다.

그래도 성탄절에 선물을 주고받는 것은 아주 뜻깊은
일이다. 그것은 아주 오래된 전통이다. 로마에서는 새
해에 선물을 주고받았다. 중세에는 니콜라오 축일이나
성탄 때 그랬다. 특히 이날은 영주가 신하들에게 양식
을 선물하지 않았던가. 하느님이 성탄절에 우리에게 선
물을 주신 것은, 우리도 서로 뭔가를 선물하라는 뜻이
다. 우리 자신이 선물받은 자라는 것을 우리는 선물함
으로써 표현한다. "선물하다"에 해당하는 독일어 "쉥
켄"schenken은 원래 "누구에게 마실 것을 주다"라는 뜻이
다. 요즘도 와인을 따를 때는 "아인쉥켄"einschenken이라

는 동사를 쓴다. 선물한다는 것은 목마른 사람에게 갈
증을 잠재울 뭔가를 따라 주는 것이다. 목마르지 않은
사람에게는 따라 줄 것이 없다. 과자나 포도주, 옷이나
가재도구 같은 선물에 목마른 사람은 요즈음 드물다.
그런 것들은 죄다 충분히 가지고 있다. 하지만 사랑과
관심과 존중에는 우리 모두가 목마르다. 현대인의 대부
분이 사랑의 표현이라는 선물을 갈망할 것이다. 선물에
내 마음을 담아 다른 사람에게 건네면, 그것이 그의 갈
증을 달래줄 것이다.

오늘날 많은 가정은 이미 가질 만큼 가지고 있어서,
차라리 서로간에 선물을 생략해 버리자는 데 의견을 모
으곤 한다. 여기에는 물론 건전한 의도도 없지는 않다.
그러나 선물의 지나친 절제는 상상력의 부재를 드러낼
뿐이다. 서로 선물을 주고받는다는 것은 사랑의 징표이
며, 생기 넘치는 관계의 표지다. 어떤 남자는 매년 성
탄절에 할머니께서 손수 짠 양말을 선물받는다고 했다.
그에게는 그 선물이 너무도 소중했다. 선물에서 할머니
의 사랑을 보기 때문이다. 양말을 짜는 동안 할머니는
그를 생각하고 그를 위해 기도했을 것이다. 그대가 어
떤 모습으로 선물을 주고받고 싶은지 생각해 보라. 친
구에게 편지를 써서 그대가 그를 얼마나 존중하는지,
그에게 무엇을 바라는지 전하는 것도 좋겠다. 그런 성
탄 편지에 통상적인 미사여구는 어울리지 않는다. 혹은

지금껏 한 번도 표현할 용기를 내지 못했던 말까지 써
보는 것도 괜찮겠다. 손수 그리거나 만든 것을 선물하
면 어떨까. 그대의 선물이 사랑에 목마른 그이의 갈증
을 축일 수 있도록. ❖

스테파노

성탄 다음날은 순교자 축일이다. 이보다 더 극명한 대
비가 있으랴. 하늘 아기는 아직 구유에 누워 있는데,
그 다음날 벌써 박해자들의 어리석은 분노가 언급되다
니. 교부들은 이러한 대비를 알면서도 두 축일을 서로
결부시켰다. 루스페의 풀젠티우스(†532)는 스테파노에
대한 강론에서 이렇게 말한다: "어제는 영원하신 왕이
이 땅에 오심을 경축했고, 오늘은 그분 용사의 승리에
빛나는 고통을 경축합니다. 어제는 왕께서 육신의 외투
를 입고 동정녀에게서 태어나 은총으로 이 세상에 오셨
고, 오늘은 한 투사가 육신의 장막을 떠나 승리자로 하
늘에 들어올려지셨습니다." 이어서 그는, 그리스도께서
빈손으로 강생하신 것이 아니라 우리를 신성에 참여시

킬 사랑의 선물을 가지고 오셨다고 한다: "주님이신 그리스도를 하늘에서 땅으로 인도한 그 사랑이 스테파노를 땅에서 하늘로 들어올렸습니다. 처음에는 왕에게서 나타난 그 사랑이 나중에는 그의 투사에게서 빛나게 되었습니다."

풀젠티우스가 이 강론에서 인상적으로 설명하는 것은 루가의 시각과도 부합된다. 루가는 스테파노를 성령에 충만한 사람이라 한다. 그는 참된 그리스도 신자의 표상이다. 예수 그리스도의 영을 영접한 우리 모두는 그 영의 힘으로 원수까지 용서하는 사랑을 할 수 있게 되었다. "아버지, 저 사람들을 용서하소서. 저들은 스스로 무슨 짓을 하고 있는지 모르옵니다"(루가 23,34). 십자가 위에서 예수가 드렸던 이 기도를 이제 스테파노가 드리고 있다: "주님, 저들에게 이 죄를 씌우지 마소서!"(사도 7,60). 스테파노의 모습에서 루가 복음서 2장의 탄생 사화에서 빛났던 구유와 십자가의 합일이 가시화되고 있다. 하느님의 영광이 구유의 가난과 비천에서 빛나듯, 스테파노도 죽음 앞에서 하늘이 열림과 하느님 오른편에 서 계신 예수님을 본다(사도 7,55 이하 참조). 성탄 복음은 사랑을 통해 입증되어야 한다. 그 사랑은 우리도 핍박으로 몰아넣을 것이며 십자가에 못박히게 할지도 모른다. 우리가 하늘이 열리는 것을 볼 때만 견뎌낼 수 있을 상황에 빠지게 할지도 모른다.

전설과 미술은 스테파노의 모습을 일찍부터 그렸다. 어떤 전설은 스테파노가 헤로데의 마구간지기였다고 한다. 동방박사들처럼 그도 베들레헴에서 빛나는 별을 보았고 그것을 새로운 왕, 그리스도의 징표로 해석했다. 그래서 헤로데는 그를 돌로 쳐죽이게 했다. 비록 성서적 근거는 없다 하더라도 이런 전설은 구유와 십자가, 성탄과 스테파노의 순교를 나름대로 잘 접목시키고 있다. 별을 보고 내면의 소리를 믿었기 때문에 스테파노는 죽어야 했다. 그는 세속 왕의 권력은 인정하지 않았지만 메시아 왕의 권능은 믿었다. 바로 그것이 헤로데의 불안을 야기했고 적대감을 부추겼다. 결국 돌이 날아왔고 그는 죽었다.

스테파노를 보면 그대가 무엇을 할 수 있을지 알 것이다. 그대 역시 성령에 충만해 있다. 그것이 그대를 그리스도와 닮게 한다. 성령의 힘으로 그대도 스테파노처럼 삶에 헌신할(dienen) 수 있다. "종"(Diener)은 말 그대로 소명을 지칭하는 말이다. 그대는 그대에게 돌 던지는 사람들마저 용서할 수 있다. 그대에게 돌 던지는 사람은 냉담하고 경직된 자신을 보여줄 뿐이다. 그러나 스테파노처럼 삶에 헌신하는 사람은 경직과 냉담에 오염되지 않는다. 그의 마음은 사랑에 열려 있다. 그 사랑은 그대에게도 하늘을 열어줄 것이며, 그대는 마음 깊이 갈망하던 것을 하늘에서 보게 될 것이다.✤

요한

요한이 묵상한 강생의 신비는 여느 다른 이들과 같지 않다. 요한 축일의 성무일도를 보면 그가 "격렬한 언어로" 영원한 말씀의 신비를 전했음을 알 수 있다. 그는 복음과 세 편지에서 하느님이 당신 아들의 육화를 통해 우리에게 행하신 일을 몇 번씩이나 전한다. 독서를 통해서 그는, 우리에게 생명이 나타셨으니 우리가 그것을 볼 수 있으리라 한다. 요한은, "아버지와 함께 계셨으며 이제 우리에게 나타나신"(1요한 1,2) 그 영원한 생명을 우리에게 알리는 것을 자기의 사명으로 여겼다. 그는 불가시不可視의 신성神性이 보이고 이해되는 신비에 매료되었다. 이로써 흑암과 죽음에 위협당하는 세속의 우리 인간들이 신적인 생명의 영광에 동참하게 되는 것이다.

그리스도를 통해 그 빛이 우리의 어둠을 비추었고, 지금까지 드러나지 않던 하느님의 생명이 우리 가운데 나타났다. 하느님은 예수의 육화로써 하느님으로부터 소외되어 무상한 인간 세상에 당신의 영원한 생명을 주셨으니, 불사불멸의 그분 생명이 덧없고 타락한 이 세상에 돌연 나타나게 된 것이다.

요한은 그리스도의 육화에서 하느님의 치유·구원 행위를 본다. 인간의 질병과 위기는 하느님으로부터의 소외, 생명의 근원으로부터의 단절에서 비롯된다. 예수의 육화를 통해 우리는 비로소 온전한 인간, 하늘 샘물을 마실 수 있는 인간, 영원한 생명과 그리스도의 사랑에 충만한 인간이 된다. 신적인 생명이 없으면 사람은 자신의 내면과 멀어진다. 마비되고 불구가 되며(요한 5장 참조), 눈 멀어 세상을 더듬거리고 다닌다(요한 9장 참조). 그가 내면의 신적인 샘과 다시 만날 때 비로소 기운을 얻어, 현실을 있는 그대로 볼 눈이 뜨인다.

요한의 중심 메시지는 "생명"과 "사랑"으로 요약될 수 있다. 하느님은 예수를 통해 영원한 생명을, 참되고 충만한 새삶을 우리에게 선물하셨다. 예수를 통해 하느님의 사랑이 드러났다. "하느님은 사랑이십니다"(1요한 4,16). 하느님의 특징을 가장 잘 표현한 말이다. "사랑 안에 머무는 사람은 하느님 안에 머물고 하느님도 그 사람 안에 머무십니다"(1요한 4,16). 이것이 요한의 성탄 메시지다. 사랑하면 우리는 하느님이 누구신지 안다. 사랑을 통해 우리는 하느님과 접하며 그분의 영원한 사랑에 동참한다. 요한 축일 성찬례 때, "성 요한의 사랑을 마시십시오!"라는 말씀과 함께 신자들에게 축성한 포도주를 나누어주는 아름다운 관습은 바로 이를 표현하는 것이다. 말년의 요한이 제자들의 부축을 받아 노쇠한 몸으로 신자들의 모임에 나가면 늘 이 한 마디를 되풀이했다고 한다: "나의 충실한 자녀들이여, 여러분은 서로 사랑하시오!" 신자들이 어찌 그리 똑같은 말씀만 하시느냐고 묻자 그는 이렇게 대답했다: "그것이 주님의 명령이며, 그것으로 충분하기 때문입니다!"

그러므로 요한이 사랑의 신비로 그대를 인도하기를, 그 사랑은 이미 성탄절 구유의 아기를 통해 우리 모두에게 드러났으니, 그 사랑의 신비를 그대 안에서 체험하면 그대는 이미 하느님을 체험한 것이니, 그 사랑은 인간에 대한 사랑일 뿐 아니라 삶의 본질적 속성으로 그대 안에 있는 절대적인 사랑이니. 한 여인이 내게, 어느 날 갑자기 모든 사물과 사람에게 깊은 애정을 느끼게 되었노라 했다. 이것이 신적인 사랑이다. 이 사랑 안에 있는 사람은 하느님 안에 있다. 그대는 저의와 소유욕 없는 이 사랑을 안다. 그 사랑을 믿어라! 그것이 그대를 하느님의 신비로 깊이 이끌어 가리니. ⚜

죄없는 아이들

5세기 이래 교회는 죄없는 아이들을 기념했다. 이들은 헤로데가 유대의 새 왕을 제거하려고 무참히 죽인 아이들이다. 예부터 교부들은 이 죄없이 학살된 아이들의 신비를 성찰했다. 쿠옷불트데우스(†453 전후)는 강론에서 헤로데와 죄없는 아이들을 거듭 대비시킨다. "(헤로데는) 자기의 지배권을 잃지 않기 위해 그 아기를 죽이려 합니다. 만일 그가 그 아기를 믿었더라면, 현세에서도 안전하게 지배할 수 있었을 것이고, 내세에서도 영원히 다스렸을 것입니다. … 그런데 (헤로데) 당신은 이런 사실을 깨닫지 못하고, 두려워 광란했소. 당신이 찾는 한 아이를 파멸시키려고 숱한 아이들을 무참히 죽였소." 저항할 능력 없고 의지할 데 없는 아이들이 거대한 통치자 헤로데를 그토록 두렵게 했다는 것이 이 축일의 첫째 뜻이다. 참생명의 약속을 간직한 죄없는 아이가 통치권에 집착하는 그 사람을 떨게 하다니. 이는 우리 자신을 상징하기도 한다. 때로는 우리도 교만해진 자아와 지배권을 다투는 우리 안의 아이를 두려워한다. 그 아이의 입을 틀어막고 싶지만 우리가 본래 누구인지 말하는 그 나지막한 내면의 소리는 우리를 편히 내버려 두지 않는다. "에고"가 요구하는 지배권에 이의를 제기한다. 우리의 "에고"는 하느님을 포함한 모든 것을 자신을 위해서만 이용하며 누구도 자기보다 우월하다고 인정하지 않는다. 우리는 내면의 그 아이를 침묵시키려 하지만, 그 아이는 죽은 뒤에도 계속 말할 것이다. 그 아이는 우리의 자기 확신을 뒤흔들며 우리가 본래 어떤 삶을 살아야 하는지 알려준다. 아이처럼 참되게, 경탄하며 감사할 줄 알고, 죄없이 순수하게 살 것.

이 축일의 둘째 관점은 죄없는 아이들이 그리스도의 증거자가 되었다는 것, 미처 말문도 안 열린 그들이 온 생명을 바쳐 그리스도를 알렸다는 신비다. 쿠옷불트데우스는 강론에서 이 신비에 경탄한다: "얼마나 위대한 은총의 선물입니까! 아기들이 누구의 힘으로 그토록 빛나는 승리를 거둘 수 있었습니까? 아직 말도 못하는 그들이 이미 그리스도를 고백한 것입니다! 아직 사지를 움직여 싸울 힘도 없으면서 이미 승리의 월계관을 획득한 것입니다!" 지혜로운 말로 신앙을 고백함으로써가 아니라, 아이처럼 조화롭고 참되게 삶으로써 우리는 그리스도의 증거자가 되는 것이다. 온전히 우리 자신으로 살 때, 하느님이 만드신 참모습대로 살 때, 우리는 이 세상에서도 하느님을 볼 수 있는 것이다. 교부 이레네오는 이를 고전적인 말로 표현했다: "하느님의 영광은 살아 있는 인간이다"(Gloria dei – homo vivens). 자신의 인간성을 펼쳐 가는 사람, 하느님께 받은 것을 내면 깊이 사는 사람은, 하느님의 영광과 광채를 이 세상에 드러내는 사람이다. 그이 안에 하느님의 신비가 빛나고 있다.

이 축일은 그대 안의 죄없는 아이를 만나게 한다. 그 아이는 그대가 순수하고 투명하며 참되게, 그대 내면의 자아와 하나되어 살아갈 용기를 줄 것이다. 비록 그대가 그 일로 핍박받는다 해도, 헤로데의 추적자들에게 저지를 당한다 해도, 그대 안의 죄없는 아이는 더욱 확고히 자신의 존재를 입증할 것이다. "에고"의 흔적은 점차 흐려지겠지만 그 아이는 이 세상에 지워지지 않을 흔적을 새겨갈 것이다. 업적과 소유물이 아니라 우리의 은총적 존재가 가치의 본질적 가치라는 은총의 신비를 그 아이는 만인에게 증언해 줄 것이다.⚜

성가정

성탄 후 첫 주일에 교회는 성가정 축일을 지낸다. 그리스도교 가정공동체의 표양이 될 이 성가정을 그린 그림 중에는 격에 맞지 않은 것들도 적지 않다. 그런 그림치고 맛을 제대로 내는 것이 없다. 모든 것이 너무 목가적이고 조화롭게만 보인다. 그러나 성서가 보여주는 예수의 가정은 좀 다르다. 사회와 동떨어진 어느 마구간에서 극도로 가난하게 태어나는 것으로 시작한다. 헤로데의 추격을 피해 즉시 외국으로 달아나라는 명령이 그 뒤를 잇는다. 그 가정은 시작부터 위협받고 있다. "원만한 가정"이 되기 힘들었음은 열두 살 난 예수의 이야기에서도 엿보이는데, 그는 부모가 걱정하든 말든 성전에서 율법학자들과 토론하고 있다. 부모가 바라는 대로

빈틈없이 행하는 "착한" 소년은 아니었음이 분명하다. 그는 마음에 귀기울여 스스로 옳다고 느낀 것, 아버지의 뜻이라고 여긴 것을 행할 뿐이다.

부모가 사흘을 찾아 헤맨 끝에 성전에서 그를 보고는 나무라듯 물었다. "애야, 우리한테 이게 무슨 짓이냐? 보아라, 네 아버지와 내가 애타게 너를 찾았단다"(루가 2,48). 예수의 대답을 보면 별로 공감하고 있는 것 같지가 않다. 그에게는 아버지 집에 있는 것이 당연했다. "제가 제 아버지 집에 있어야 할 줄을 모르셨어요?"(루가 2,49)라는 대답에는 가벼운 힐난이 스며 있다. 자신이 아버지의 집에 있어야 하는 줄을 부모가 모르다니, 정말 이해할 수가 없다. 무엇보다 그는 그들의 아들이 아니라 하늘에 계신 아버지의 아들이다. 여기서 마리아의 영혼을 칼이 꿰뚫을 것이라는(루가 2,35 참조) 시므온의 예언이 실현된다. 어머니는 아들이 낯설어진다. 이해가 안 간다. 하지만 그녀는 그를 자유롭게 놓아 주어야 한다는 것을, 그녀가 더는 어쩌지 못할 자기 길을 가리라는 것을 감지한다. 그렇다, 그는 하늘에 계신 아버지의 뜻에 따라 움직여야 하는 것이다. 그렇더라도 예수는 부모와 함께 나자렛으로 돌아가 순종하며 지낸다. 그는 자신의 깊은 내면은 하늘 아버지께 속해 있어서 지상의 부모에게는 하등의 결정권이 없다는 것을 알면서도, 가정의 소소한 일상에 일단 순응한다.

일년 중 성탄 때만큼 온전한 가정이 그리워지는 때도 없으리라. 사람들은 성탄을 가족 축제로 지내고 싶어 하지만 그게 그리 쉽지 않음도 안다. 저마다 기대들이 너무 크다. 사소한 의견 다툼에도 가정의 평화는 깨진다. 아이들은 가정의 허구성을 실감한다. 사실 온전한 가정이란 어디에도 없고, 더구나 성탄 때만 잠시 꾸려질 성질의 것도 아니다. 루가는 열두 살 된 예수를 통해 오늘날에도 온전한 가정은 거듭 몰이해와 낯섦의 경험을 헤치며 나아간다는 것을 보여준다. 가정은 구성원들이 자신을 넘어서는 신비에 함께 응할 때만 가능해진다. 그들이 성탄 때 자기 주위만을 맴돌지 않고 그 축제의 신비를 깨어 자각할 때만 가능해진다. 그러면 성서 이야기 속에서 그러했듯이 오늘날에도, 모두가 자신만의 신비를 지니게 된다. 마리아는 그녀의 신비를 마음속에 간직한다. 그녀는 아들의 신비에 대해서 곰곰이 생각하며 마음에 되새긴다. 예수는 자신의 신비에 대해 이야기하고 부모에게 자기를 새로운 눈으로 볼 것을 요구한다. 성탄은 온전한 가정이 정말 있는 것처럼 그대를 기만하려는 것이 아니라, 성가정을 약속하려 한다. 가정이 거룩해지는 것은 하느님의 신비가 그 안에 내재하고 가족 구성원 모두가 자기만의 신비를 간직하기 때문이다. 그대가 자신과 배우자와 아이들의 신비를 마음 깊이 되새기기만 한다면, 비록 더러 낯섦과 거리감이 있다 해도 그대의 가정을 내 집으로 느낄 수 있을 것이다. 신비가 깃든 곳만이 제집처럼 느껴지는 법이다. 성탄절, 그대 가정에도 하느님의 신비가 깃들어 있음을 감지하기를 진심으로 바란다.✤

태양

동방 교회가 성탄절을 1월 6일로 정한 것은 3세기였다. 로마 교회는 4세기에야 고유한 성탄 축제를 지내기 시작했다. 로마 교회는 주님 탄생 축일을 12월 25일로 옮겼는데, 그날은 로마인들이 "무적의 태양신"Sol Invictus 의 탄생을 축하하던 날이었다. 교회는 진정한 태양이신 그리스도를 로마의 태양신과 대비시키려 했음이 분명하다. 그리스도는 정복될 수 없는 "정의의 태양"이다. 정의가 하느님에게서 왔고 정의 자체가 신적인 것이기 때문이다. 예수의 탄생으로 진정한 태양이, 결코 지지 않는 태양이 떠올랐다.

예부터 사람들은 태양을 경탄의 눈으로 보았고, 숱한 소망들을 이입시켰다. 여러 민족이 태양을 신으로 숭배

했다. 태양은 빛과 지고의 우주적 예지와 불과 생명 원리의 화신이었다. 뿐만 아니라 예부터 사람들은 태양과 친밀성을 느꼈다. 잉카인들은 스스로 "태양의 아들"이라 칭했다. 바울로는 그리스도교 신자들을 "빛의 자녀"라 불렀다. 밀교 의식은 고대인들에게 그들이 태양처럼 죽음의 어둠을 뚫고 나온 신적 태양인이라는 느낌을 전했다. 신적인 태양을 볼 능력을 갖추기 전에 먼저 옛 인간은 죽어야 한다. 한밤에도 밀교 승려는 환한 태양을 보았고, 스스로도 신적 광채로 빛났다.

루가 복음서에서도 알 수 있듯이, 그리스도교 신자들은 그리스도에게서 진정한 태양을 보았다. 루가는 태양과 태양신 헬리오스에 대한 그리스인의 경외심에 대해 확실한 답변을 내놓았다. 즈가리야의 노래는 이렇게 기도한다: "우리 하느님의 자비로운 온정으로 말미암아 높은 데서 별(태양)이 우리를 찾아오시어, 어둠 속 죽음의 그늘에 앉은 이들을 비추며 우리 발걸음을 평화의 길로 인도하시리로다"(루가 1,78-79). 루가에게 오시는 메시아는 "구원의 태양"sol salutis이다. 예수의 탄생을 묘사할 때 그리스 교부들은 무엇보다 태양숭배에 표출된 구원의 갈망을 배경으로 삼는다. 그리스인들은 태양신 아이온의 빛의 탄생을 기리는 밤축제에서 이렇게 노래했다: "처녀가 아기를 낳으니 이제 그 빛이 자라고 있도다." 이러한 갈망에 대하여 시리아의 에프렘은 노래로 응답

한다: "하늘의 빛 주님께서 오셨도다. 그분은 태양처럼 어머니의 모태 밖으로 빛을 발하셨도다. ⋯ 태양이 승리하니 ⋯ 겨울의 흑암을 물리치고, 사탄의 패배를 알리는도다. 태양이 승리를 거두니, 독생자의 승리를 알리는도다"(Rech 107).

12월 25일은 동지冬至를 기념하는 축제다. 고대 그리스도교 신자들에게 그것은, 진정한 태양 그리스도가 우리 운명을 구원으로 돌려놓으셨다는 것을 상징했다. 성탄 때까지는 어둔 밤이 길어지듯이 역사에서도 사탄의 밤이 자라고 있었다. 그러나 일출의 사람, 그리스도께서 나타나시자, 어둠의 마력은 깨어졌다. 그래서 성탄 전례는 태양의 상징을 빌려 그리스도의 탄생을 축하한다. 어느 안티포날레(시편의 후렴)에서는 이렇게 노래한다: "구세주께서 동정녀의 태중에 내려오시면 너희에게 해처럼 떠오르시리라." 여기에는 일출과 일몰, 상승과 하강의 역설을 삶의 상징으로 보았던 고대인의 갈망이 반영되어 있다. 영원히 우리를 비추고자 그리스도 안에서 우리의 밤을 헤쳐 태양이 뜬다.

우리는 계절마다 색다른 태양을 경험한다. 겨울 해는 설경을 매혹의 빛에 잠기게 하니 해질녘이면 그 빛의 색조가 적이 부드럽다. 가을의 은은한 석양은 자신을 온화한 사랑의 빛으로 돌아보도록 가르친다. 봄에는 양지바른 곳에 서서 따사로운 첫 햇살을 받으니 마냥 즐겹다. 하느님의 사랑이 우리 몸 가득 스며 따뜻이 덥혀 주는 듯하다. 춥고 음습한 겨울보다야 여름 햇살이 유쾌하고 가볍겠지만 작열하는 태양만은 피하고 싶다. 그리스도교 신자들이 그리스도를 진정한 태양으로 공경할 때 이런 모든 경험들이 함께 작용할 것이다. 그리스도는 우리의 어둠을 비추고 신적인 사랑의 온화한 빛으로 우리를 감싸시지만, 우리 안의 모든 죄와 굳은 것을 태워 없애기도 하신다. 그럼으로써 우리 안의 모든 것이 그분으로 인해 빛이 되게 하신다. 파울 게르하르트는 성탄 노래 "나는 여기 당신의 구유 옆에 서 있어요"에서 그리스도를, 깊은 죽음의 밤에 갇힌 우리에게 태양이 되신 분으로 보았다: "내게 빛과 생명과 기쁨과 희열을 주는 태양이여!" 기쁨에 넘치는 사람을 보면 우리는 이렇게 말한다: "지금 해가 뜨고 있구나." 기쁨과 생기를 퍼뜨리는 태양의 아이들이 도처에 있다. 그대도 다른 이들의 태양이 되기를. 언젠가 사람들이 그대에게 이렇게 말하는 것을 들었을지도 모르겠다: "당신은 오늘 태양처럼 빛나네요. 당신이 들어서니까 여기가 더욱 밝고 따뜻해졌어요. 우리 가운데 태양이 상쾌한 빛살을 던지고 있으니 기분이 더욱 좋아집니다."✤

별

성탄 장식에 별을 빼놓을 수 없다. 많은 이들이 성탄
별을 만들어 선물하곤 하지만 그 별이 어떤 성탄의 신
비를 상징하는지는 미처 깨닫지 못했을 것이다. 성서에
서 별은 동방박사들의 경배에 결정적인 역할을 한다.
동방박사들은 별을 보았고 그 별의 인도를 받았다. 그
들은 별을 정확히 아는 천문학자요 점성가들이었다. 고
대에 토성은 이스라엘의 별, 안식일의 별이었고 목성은
왕의 별이었다. 기원전 7년에 이 두 별의 기묘한 합合
이 있었다. 로마에서는 이 기이한 별자리가 평화의 황
제 아우구스투스의 상징으로 해석되었지만 바빌론에서
는 단연 메시아 왕림의 표징으로 받아들여졌을 것이다.
사람들은 그 별에서 동방의 점성가 발람의 예언이 실현

되는 것을 보았다: "야곱에게서 한 별이 솟는구나. 이스라엘에게서 한 왕권이 일어나는구나"(민수 24,17). 쿰란은 메시아의 출현을 별이 뜨는 것에 비유했다: "하늘에서 그의 별이 왕처럼 빛나리라"(1Qtes/Levi 18,3).

교부들은 예수를 다른 별에 비유했다. 그 별은 같은 하나의 별이지만 새벽에는 샛별Morgenstern, 초저녁에는 금성Abendstern이라 부른다. 베드로의 둘째 편지에서 그리스도는 주님의 날이 열릴 때 우리 마음에 떠오르는 샛별로 이해되었다(2베드 1,19 참조). 샛별은 빛의 전달자 루치펠Lucifer이다(훗날 악마의 이름이 되긴 했지만). 금성은 밤의 전달자 노치펠Nocifer이다. 초기 교회는 우주의 실제성을 진지하게 받아들였다. 예부터 사람들은 샛별의 밝은 빛에 매혹되었다. 교부들은 이러한 우주적 체험을 그리스도와 관련지었다. 그리스도는 샛별의 신비로 충만했다. 탄생과 더불어 그리스도는 샛별로 떴다. 예로니모는 그리스도가 "높은 곳에서 내려와 … 어둠과 죽음의 그림자 속에 앉아 있는 우리에게 빛을 주셨기 때문에"(Hieronymus, In Iob 38: PL 26, 760 f) 샛별(루치펠)이라 불리게 되었다고 한다.

사랑은 별 이야기를 좋아한다. 연인들은 이렇게 속삭인다: "그대는 나의 별, 그대는 내게 별이랍니다." 그이가 내 삶에 빛을 던지고 나의 밤하늘을 별처럼 비추어 나의 밤을 밝힌다는 뜻이겠다. 게다가 별빛은 독특한 광채를 지녔다. 사랑의 언어는 성탄절의 한 사건을 우리에게 예감케 한다. 그것은 그리스도로 인해 우리의 밤하늘에도 별이 빛난다는 것이다. 그때 그리스도는 당신 사랑으로 우리의 어둠 속에 빛을 가져오신다. 하늘의 별은 하늘에 계신 아버지를 가리킨다. 그것은 전혀 다른 무엇에 대한 우리의 동경을 상징한다. 하늘에 보이는 것은 바로 우리 내면의 실제 모습이기도 하다. 우리의 동경과 마주치면 우리는 마음의 지평선에 떠오르는 별을 노래한다. 그리고 우리 마음이 모든 일상을 넘어서 멀리, 하느님 세상에까지 가닿는다는 것을 느낀다. 그곳이 진짜 우리집이다.

그리스도가 우리의 샛별이라는 안젤루스 실레시우스의 시는 참으로 탁월하다.

어둔 밤의 샛별
세상을 기쁨으로 채우네.
나의 예수 들어오시어
내 마음의 보석상자 비추신다네.

예부터 사람들은 자기들의 동경을 별에 담았다. 그리고 별은 언제나 매력적인 존재였다. 어렸을 때 우리는, "너는 아니, 별들이 얼마나 많은지?"라는 노래를 즐겨 불렀다. 그 노래는 하느님이 우리를 어여삐 여기시며, 그분의 별하늘 아래 우리가 산다는 확신을 주었다. 아프리카에서 군인으로 있었던 한 동료수사는 전우에게 자주 이 노래를 불러 주었다 한다: "고향, 그대의 별". 학창 시절에 우리는 즐겨 그 노래를 불러 달라고 청하곤 했는데, 그 노래를 들으면 고향 생각이 났다. 고향 별이 어디서나 우리를 비추고 있으니 세상 어딘들 고향 같지 않으랴. 그래서 별을 보면 고향 생각이 났다. 바야흐로 성탄절, 예수의 탄생을 알린 별과 크리스마스 트리나 창문 장식용 별을 떠올리면 이 모든 것들이 어우러져 연상되곤 한다. 그리스도 탄생하시니 이 세상 어디에도 고향 아닌 곳이 없다. 어디에나 같은 샛별이 하늘 높은 곳에서 우리를 비추니 사방이 다 우리집이다. 성탄절은 우리도 다른 이들의 밤을 밝히고 고향 느낌을 선물하는 별이 되게 한다.

별을 생각하면 무엇이 떠오르는가? 그대 마음에 떠오른 별을 이야기할 때, 그대 눈은 빛날 것이다. 빛나는 어떤 것이, 어떤 사랑이 그대의 밤을 뚫고들어왔다. 그 별과 함께 그대 안에 희망이 싹텄다. 별은 그대에게 길을 가리키고 그대를 따라온다. 그대 삶을 넓혀준다. 그대 스스로도 다른 이들의 길을 가리키는 별이 될 수 있을 것이다. 우리에게 마리아가 그랬다. 그래서 그녀의 이마에는 팔각의 별이 빛을 발하고 있다. 여덟 빛줄기를 발한다는 것은 그녀가 하늘과 땅을 결합시키며 영원에 동참한다는 것을 뜻한다. 성탄의 별은 말한다: 그대는 지상의 사람일 뿐만 아니라 천상의 사람이기도 하다. 별은 그대 안에 빛나지만 그대를 넘어 나와 그분을 가리킨다. 그분은 하늘에서 내려와 우리의 깊은 소망을 채우시는 분이다. ✤

섣달 그믐

보통은 12월 31일로 한 해가 끝난다. 교회는 그리스도왕 대축일로 전례 주년의 끝을 삼는다. 상용 역년曆年은 교회 전례에 쓰이지 않는다. 그래도 사람들은 한 해를 술과 불꽃놀이로만 마감하는 것이 아니라 지난해 무엇을 이루었는지, 무엇이 성장했는지 하느님 앞에서 결산해보고 싶어한다. 한 해 동안 이룬 것과 받은 것에 대해서는 하느님께 감사드리고, 미흡한 것과 빚진 것은 하느님께 내맡겨 그분의 자비로 풀어버리도록, 마음속에 묵은 해를 다시 떠올려 보는 것이다. 지난 일들을 하느님 앞에서 감사하는 마음으로 바라보고 있으면, 그것들은 그저 속절없이 흘러가 버리는 것이 아니라, 나무가 만드는 나이테처럼 우리의 일부가 된다. 우리는 우리 안에 무엇이 자라는지, 하느님이 우리를 어디로 인도하시는지, 어디서 수호천사가 우리를 따라오는지, 우리 안에 새로운 것이 샘솟는 곳이 어디인지 느낀다. 지난해를 깊이 묵상하면서 우리는 삶의 신비에 더 가까이 다가선다. 구체적인 체험을 관조함으로써 우리는, 우리가 본래 누구이며 우리에게 본질적인 것은 무엇인지를 감지하는 것이다.

20년 전부터 우리 수도원에서는 젊은이들과 함께 선달 그믐날 밤 9시부터 새벽 3시까지 6시간이나 걸리는 미사를 드리고 있다. 그때 우리는 깨인 의식으로 침묵 중에 한밤을 보낸다. 바깥의 불꽃놀이 폭죽 소리가 성당 안까지 밀려온다. 강한 대조가 느껴진다. 어떤 사람에게는 해바뀜을 축하하는 소동이 필요하고, 또 어떤 사람에게는 고요가 필요하다니. 로마인들과 게르만인들은 소음으로 악령을 몰아내려 했다. 요즈음 불꽃놀이를 하는 사람들은 그들이 의식 없이 즐기고 있는 일이 무엇인지 아마 모를 것이다. 그들은 적의 권세에 대한 두려움을 소음으로 속여 넘기고 악령들을 쫓으려는 것이다. 그러나 그것이 성공할지는 의문이다. 젊은이들은 침묵중에 시간의 신비를 캐면서 새해를 조용히 자기 안에 받아들이고 싶은 욕구를 가지고 있다. 적막 속에서 그들은 시간의 신비를 직감한다. 시간은 붙들어 둘 수 없다! 옛것은 지나가고, 새것이 매 순간 우리에게 온다. 새것은 아직 아무도 손대지 않았고 왜곡되지 않았고 어떤 무늬도 새겨지지 않았다. 새것에는, 모든 것이 더 좋아질 것이고 새것이 옛것을 능가할 것이며 새로운 가능성이 예비되어 있다는 약속이 있다. 한밤중에 성당 종소리가 해바뀜을 알리면, 마음에 이런저런 소망들이 피어오른다. 하느님이 새해를 축복해 주셨으면 좋겠고, 새해가 묵은 해보다 더 나았으면 좋겠고, 처음부터 새로 시작하여 작년에 실패했던 모든 것을 만회할 수 있었으면 좋겠다.

해가 바뀌는 시점을 좀더 면밀히 들여다보면서, 우리는 시간이라는 현상에 좀더 밀도있는 관심을 기울이게 된다. 말하자면, 온전히 순간을 삶으로써 과거와 미래는 하나가 된다는 것이다. 침묵하면서, 온전히 순간에 머물러 있도록 해보자. 시간과 영원이 하나라는 예감이 들 것이다. 영원 자체가 우리의 시간을 뚫고들어와, 어느 순간 시간의 흐름이 멈추고 가만히 서 있는 듯 보이는 것이 시간의 가장 심오한 신비다. 이때 우리는 하늘과 땅, 시간과 영원, 하느님과 인간이 하나되어 있음을 깨닫는다. 안젤루스 실레시우스는 이러한 경험을 인상적으로 표현했다.

시간은 영원 같고 영원은 시간 같으니
그대 혼자서는 구별할 수 없도다.

나 이제 시간을 떠나
하느님 안에 나를
내 안에 하느님을 아우르니
나 자신 이미 영원이로다.

그대는 해바뀜을 경축한다. 그대 안의 뭔가가 방향을
바꾸고 변하며, 그대 역시 변화된다. 무엇이든 좋은 쪽
으로 바뀌기를, 지난해 그대를 무겁게 내리누르던 것을
하느님이 덜어주시고, 더 좋은 새해가 되도록 자비로이
그대를 돌보시기를 바랄 일이다. 새해에는 하느님의 선
하신 손길이 그대를 지탱하고 인도하실 것임을, 하느님
의 사랑이 삶의 흐름을 방해하던 그대 안의 모든 비틀
린 것과 뒤엉킨 것을 바꾸고, 없애고, 해결하실 것임을
신뢰하라. 그대 자신에 주의를 기울이라, 그리고 그대
안에서 일어나는 변화의 과정을 믿어라. 새해에 그대는
변화될 것이다. 그대는 하느님이 만들어 놓으신 본연의
모습으로 점점 자라날 것이다. 그리하여 조화롭고 참된
모습으로 살아갈 것이다. ⚜

새해

새해 첫날은 천주의 성모 마리아 대축일이다. 아기를 낳은 동정녀는, 하느님을 통해 이 세상에 등장한 어떤 새롭고 변질되지 않은 것을 상징한다. 하느님이 뭔가 새것을 이루셨다는 것, 이것이 메시아의 동정녀 탄생이 주는 메시지다. 그 새로운 것은 단순히 옛것의 계속이 아니다. 따라서 전도서의 회의懷疑는 합당치 않다. "하늘 아래 새것이 있을 리 없다." 거기엔 그렇게 씌어 있다. 하지만 아니다. 새로운 것이 있다. 하느님은 언제나 새것을 창조하는 분이시다. 성서는 "카이노스"*kai-nos*(새로운)라는 개념으로 하느님이 우리 안에 역사하시는 구원을 묘사한다. "카이노스", 그것은 "익숙하지 않은, 색다른, 예기치 않은, 옛것을 능가하는, 놀라운 것"을 의미한다. 그리스인들은 "새롭다"는 뜻으로 "네오스" *neos*라는 말도 썼다. 그러나 여기에는 "아직 어린, 성숙 되지 않은"이라는 뜻이 더 강하다. 우리가 회사나 단체 에서 "신출내기, 풋내기"라 하면, 대개 아직은 경험이 없고 미숙하여 그들에게서 많은 것을 기대할 수 없다는 뜻이다. 반면, "카이노스"는 늘 매력적으로 들린다. 그 것으로 우리에게 전대미문의 새것이 가능해진다.

신약은 새것의 표징들로 가득하다. 예수는 새 부대를 채워야 할 새 포도주를 가지고 오신다(마태 9.17 참조). 또 당신 피로 새로운 계약을 세우신다. 그 계약은 사람들 의 변덕스런 의지가 아니라 하느님의 사랑으로 맺은 것 이어서 결코 깨질 수가 없다. 그리고 우리에게 새 계명 을 주신다. "서로 사랑하시오. 내가 그대들을 사랑한 것처럼 그대들도 서로 사랑하시오"(요한 13.34). 바울로는 그리스도교 신자로서의 우리 존재를 거듭 "새로운"의 개념으로 묘사한다. "누구든지 그리스도 안에 있으면 새로운 창조물입니다. 묵은 것은 지나갔습니다. 보시 오, 새것이 되었습니다"(2고린 5.17). 세례를 통하여 우리 는 새로워졌다. 묵은 것, 과거는 더이상 우리를 지배하 지 못한다. 이는 신심깊은 말로만 그치는 것이 아니다. 우리가 절망의 상황을 딛고 새로 시작할 수 있을 때, 어떤 갈등이나 실패나 좌절을 겪고도 새로 시작할 수 있을 때, 바울로가 한 말을 체험한다. 이제 묵은 것은

우리를 떠났다. 언제까지나 참회복을 입고 돌아다닐 수
는 없는 일, 묵은 것일랑 훌훌 털어버리자.

새해를 음미하노라면 새것, 변조되지 않은 것, 손 대
지 않은 것의 마력이 느껴진다. 새것에는 나름대로의
"반짝임"이 있다. 새 차를 타고 달릴 때의 짜릿함, 새
로 산 오디오에서 나는 새 맛의 "사운드", 새 옷의 새
감촉, 헌 옷차림이었을 때보다 훨씬 예뻐진 듯한 그 기
분 …. 여기에는, 내가 늘 새사람으로 새롭게 행동했으
면, 남들이 종전의 내 역할과 지금의 나를 동일시하지
말았으면 하는 바람이 숨어 있다. 그 새 모습은 우리에
게 용기를 북돋아, 새로운 가능성에 도전하고 타인을
새롭게 대하며, 새로운 말, 새로운 몸짓, 새로운 대응
방식을 발견하고, 새 길을 가게 해줄 것이다. 새해에는
옷과 역할뿐 아니라, 온 한 해가 새로워지기를.

새해에 우리가 바라는 것은 새로운 시작이다. 새로
시작한다는 것은 내게 두 가지 의미가 있다. 하나는 새
것이 이미 내면에 존재한다는 것이다. 그대를 매 순간
새롭게 하여 그대 안에 새것을 일구시는 하느님의 영이
이미 그대 안에 있다. 고요 속에서 내 안에 귀기울이
면, 내 안에서 새로운 가능성이 터져나오는 것을 느낀
다. 용감히 새것에 도전하고 새로운 행동방식을 몸에
익힐 수 있으리라는 예감 같은 것이 떠오른다. 내가 모
든 것을 새로 지어낼 필요는 없다. 오히려 내 안에 이

미 있는 새것을 믿기만 하면 된다. 하느님이 매 순간 내 안에 일구시는 새것이 자라 모양새를 갖추는 데는 각별한 주의가 필요하다. 새로운 시작의 둘째 의미는 "안팡엔"anfangen과 "베긴넨"beginnen이라는 단어를 정확히 구별할 때 드러난다. "안팡엔"은 "움켜잡다, 붙잡다, 착수하다"에서 왔다. 새롭게 시작하기를 원한다면 그대는 삶을 스스로 떠맡아야 한다. 그대가 받은 교육과 성향과 운명이 삶을 결정했다고 한탄하지 말고, 스스로 삶을 책임져야 한다. 그대는 매 순간 새로 시작할 수 있다. 그저 있는 그대로의 삶을 받아들이고, 감당하고, 가꾸어 가면 된다. "베긴넨"이라는 말은 본래 "개간하다"라는 뜻이다. 시작하기란 힘든 노릇이다. 그대 삶은 엉겅퀴와 돌투성이에, 잡초 덤불 무성한 혼돈과 음울의 땅이다. 개간하려면 우선 밭 하나를 경계지어 놓고 볼 일이다. 그대 삶이라는 땅 전체를 한 해에 다 개간할 수는 없지 않겠는가. 올해 개간할 땅이 어딘지 결정하라. 인간 관계, 일, 혹은 삶의 스타일? 그 다음에는 땅이 풍요로워져 새것이 자랄 수 있도록 잘못 자란 것을 솎아내라. 하느님은 새로운 씨를 그대 밭에 심으셨다. 그 씨가 싹을 틔워 그대 안에 새것, 예상치 못한 것, 기대치 못한 것, 놀라운 것이 피어나도록 밭을 경작하는 일은 이제 그대의 과제다. ❧

소망

관리와 명망가들끼리 새해 인사를 주고받는 것은 옛 로마의 관습이기도 했다. 요즘 사람들도 "기쁘고 복된 성탄"과 "좋은 새해"와 "새해에 복 많이 받기를" 서로 기원한다. 새해에는 서로에게 좋은 것을 기원할 뿐 아니라 우리 자신에 대한 소망도 품는다. 우리는 새해가 더욱 좋은 해가 되기를, 건강히 잘 지내기를, 우리 안에 새것이 싹트기를 바란다. "바라다"라는 뜻의 독일어 "뷘쉔"wünschen은 전쟁이나 식량 획득에서 유래한 말로, "이리저리 걸어다니다, 돌아다니다, 무엇을 애써 구하다, 무엇을 노력하여 얻다, 이기다" 등의 의미를 가진다. 우리는 삶에 필요한 것을 구하기 위해 이리저리 돌아다닌다. 이기고 삶을 성취하는 데 마음을 쏟고 있다.

어떤 소망에든 그것은 들어 있다. 바란다는 것은 "사랑하다, 좋아하다"와도 관련이 있다. "친구"를 뜻하는 게르만어 "비니"wini는 "뷘쉔"과 어원이 같다. 누군가에게 무엇을 바란다는 것은 내가 그 사람을 좋아하고 사랑한다는 우정의 표현이다.

소원을 말하는 내용의 동화가 참 많다. 대개의 경우, 마음대로 가질 수 있는 소원은 세 가지다. 정말 자기에게 소용되는 것을 바란다는 것은 결코 쉬운 일이 아니다. 대부분 처음에는 소원이 너무 많아 어쩔 줄 모른다. 그 다음에는 자기 소원에 잘못 말려들기 일쑤다. 가령 어떤 동화 속 남자는 날씨가 좋아져 비가 오지 말았으면 하고 바란다. 하지만 아무것도 자라지 못한다는 걸 깨닫고는 밤에만 비가 오게 해달라고 한다. 그러나 아뿔싸, 그때문에 야경꾼이 고생이다. 그래서 결국 원래대로 돌아간다. 세 가지 소원은 날아가 버렸다. 우리가 진정으로 바라는 것은 무엇인가? 우리는 무엇을 필요로 하는가? 무엇을 추구하며, 무엇을 얻고자 하는가? 우리의 소원을 하나하나 말하다 보면, 하느님이 우리에게 허락하신 삶이 정말 고마운 것이라는 걸 자주 발견케 된다. 우리가 우리 자신과 세상을 새로 창조할 수 있을 것 같다는 예감이 이미 소원 속에 숨어 있다. 동시에 우리 사는 이 세상이 흔히 말하는 것처럼 그렇게 나쁜 것만은 아니라는 것도 깨닫는다.

남에 대한 소망은 판에 박힌 것일 때가 많다. 우리는 흔해 빠진 미사여구 뒤에 자신을 숨긴다. 그러나 우리가 소망을 전하는 그 상대방의 입장에서 한 번쯤 그에 대해 깊이 생각해 보자. 그가 삶을 성취하는 데 필요한 것이 무엇인지, 그에게 유익한 것이 무엇인지, 또 그가 무엇을 갈망하고 있는지. 그렇다면 그 소망은 진정한 우정의 표현일 수 있을 것이다. 올 새해에는 진부한 인사말일랑 입에 담지 않아도 좋다. 그대 친구와 지인 모두에게 그대가 바라는 가장 간절한 소망이 무엇인지 곰곰이 생각해 보라. 그러면 그대의 소망이 그들 마음에 가닿게 될 것이다. 그것은 단순한 예의의 차원을 넘어서 있다. 소망과 기원으로 타인의 삶을 사로잡을 그대의 사랑은 바로 그렇게 표현되는 법이다. ⚜

동방박사

마태오는 동방박사들이 예수 탄생 후 동쪽에서 예루살렘으로 왔다고 전한다. 별이 그 탄생을 알려주었기로, 그들은 새로 나신 유대의 왕을 찾으려 했다. 아마 그들은 별을 연구하고 꿈을 해석하는 바빌론의 점성가들로, 페르시아 승려 계급에 속하며 초자연적 지식에 빼어났을 것이다. 바빌론으로 쫓겨간 유대인들은 틀림없이 그곳 점성가들에게 메시아의 희망에 대해 뭔가를 말해주었으리라. 고대 그리스도교 미술은 동방박사들을 신생 교회의 가장 심각한 경쟁자였던 미트라(고대 인도의 빛의 신 — 역자 주) 신앙의 승려로 그렸다.

여기에는 특별한 의미가 있다. 마태오와 교부들은 이 동방박사들의 경배를, 온 세상의 지자知者와 현자들이 그리스도를 찾아와 경배하고 선물을 드리는 것으로 이해했다. 사람들이 축적해 온 지식과 경험은 무엇이든 하늘 아기에 대한 경배로 귀결된다. 이것이 마태오가 우리에게 전하는 넓은 시각이다. 사람들이 어디서 어떻게 연구하고 어떤 경험을 축적하든, 그것이 점성술이든 해몽이든, 마술이든 밀교의 비책秘策이든, 그 모든 것에는 육으로 나타나신 하느님, 하늘 아기에 대한 그리움이 깃들어 있다.

그리스도교를 다른 종교로부터 구별한 다음, 일체의 다른 노선은 배척해 버리는 소심한 풍조가 교회 안에 늘 있었다. 마태오가 제시하는 길은 좀 다르다. 세상 지식의 궁극을 생각해 보자는 것이다. 묻거니와, 점성술의 목표는 무엇이며, 밀교는 무엇을 추구하길래 그토록 많은 분파로 나뉘어졌는가? 삶의 신비를 발견하고자 함이다. 사람은 누구이며 신은 누구인가? 나는 어디서 왔으며 어디로 가는가? 자기의 지식을 끝까지 추구하는 사람은 결국 사람 되신 하느님께 닿을 수밖에 없다. 그의 지식이 그를 그리스도께로 인도하는 것이다. 따라서 우리는 겁먹은 눈으로 다른 노선들을 바라볼 이유가 없다. 그것들은 그리스도교 신앙의 위험 요소들이 아니다. 반대로, 그것들은 모두 새로 나신 왕, 하느님의 영광이 빛나고 있는 하늘 아기에 대한 그리움을 자기 안에 담고 있다.

동방박사들이 상징하는 것이 타민족, 타문화, 타종교만은 아니다. 우리 자신의 "찾고 있음"도 상징한다. 우리가 찾고 있는 한, 우리는 새로 나신 왕에게 가는 길 위에 있다. 모든 길은 그분께로 나 있다. 심지어 동방박사들에게 나타난 그 마술적 길도 우리를 사람이 되신 하느님께 인도할 수 있다. 신성을 손에 넣고 독점하려는 마술이 있다. 그것은 우리를 하느님께 인도하지 못한다. 거기서는 "에고"에 집착하기 때문이다. 그러나 진정한 신비는 하느님이 이 세상에서 당신을 드러내시므로 우리가 현세적인 것에 주목하고 구체적인 실천을 통해 체험함으로써 하느님을 알 수 있다는 것을 믿는다. 그리스도의 탄생으로 하느님은 진정 육신으로, 인간으로 이 세상에 자신을 드러내셨다. 그러나 동방박사들은 길을 떠나야, 마술로 하느님을 어쩌려는 일을 하지 말아야, 그리스도께로 갈 수 있다. 그들은 먼길을 가야 한다. 모든 지식을 버리고, 마리아의 아기한테서 빛나는 하느님의 신비에 놀라 꿇어엎드려야 한다.

성서는 동방박사들을 점성가라 부른다. 그들은 하늘에 뜨는 별뿐 아니라 우리 마음에 뜨는 별도 해석한다. 그대가 그대 운명의 별을 옳게만 해석한다면, 삶 어디에서나 그대를 보호하고 이끄시는 하느님의 손길을 체험하게 될 것이다. 하느님 친히 구절양장 삶의 노상에 서 있는 그대 손을 잡고, 영광과 좌절의 시간을 넘어 그대를 하늘 아기 위에서 빛나는 별로 인도하실 것이다. 비록 그대 밤의 어둠 속에서 별을 보지 못하는 일이 잦다 하더라도, 하느님께 의지하여 그대의 길을 믿는다면, 그대 꿇어엎드릴 때까지, 그대 자신을 잊고 이 모든 것이 어떻게 이루어졌는지 따지는 일에서 자유로워질 때까지, 하느님께서는 그대를 인도하실 것이다. 이제 그대는 자신을 잊을 그곳에 당도했으니 온전히 그대와 하느님 안에 있는 것이다.

그대 마음의 창공에 뜬 별은 그대를 몰아대는 그리움의 상징이다. 그대의 그리움을 믿고 끝까지 좇으라. 그대 그리움의 정점이 하느님인 줄을 알 때까지 그리움은 그대를 편히 두지 않을 것이다. 때로 그 길은 힘겹다. 그대가 본질적인 것을 발견하지 못하는 한, 그리움은 고통으로만 느껴질 것이다. 하지만 그대 그리움이 이끄는 대로만 가면 그대는 하느님을 발견하리라. 그리움은 그대를 마리아와 아기가 있는 집으로 데려간다. 그대 엄마 같은 팔에 하늘 아기를 받아 안는 곳, 거기가 그대의 진정한 집이다. ⚜

삼왕

서방 예술과 민간신앙은 동방박사들을 거룩한 삼왕으로 만들어, 성서를 심층심리학적으로 해석하는 계기를 마련했다. 언제나 3은 자기 안의 세 영역 모두를 꽃피운 전인全人의 수數였다. 동화 속의 왕에게는 항상 세 영역을 상징하는 아들이 셋 있었다. 그것은 정신·영혼·육체, 혹은 머리·가슴·배를 상징했다. 생명의 물을 찾거나 병든 왕의 약을 구하려고 세 아들이 길을 떠난다. 그것은 결국 자기화Selbstwerdung의 길이다. 도상에는 늘 숱한 모험과 위험이 도사리고 있다. 예술은 삼왕을 세 연령층(청년·중년·노년), 혹은 세 대륙(유럽·아프리카·아시아)에 상응시켰다. 그러나 사실 이것은 우리 자신에 적용되는 것이다. 인간의 모든 것, 즉 생명력·생식력·노년의 지혜는 "인간 존재"의 본질을 규명하기 위해 길을 떠나야 한다. 우리는 청년의 생기에도, 중년의 창조력에도, 노년의 지혜에도 머물러 있을 수 없다. 생기를 유지하기 위해서는 모든 것이 변해야 한다. 모든 것이 늘 새로 시작되어야 하고 움직여야 한다. 목표는 왕다운 사람, 삶을 스스로 결정하고 남의 다스림을 받지 않으며 자신과 일치를 이루는 사람, 왕의 존엄을 지닌 사람이 되는 것이다. 삼왕의 존엄이 드러나는 것은 그러나, 그들이 왕권의 표지를 벗어버리고 하늘 아기 앞에 꿇어엎드린 바로 그때였다.

삼왕은 함께 길 떠난다. 셋이 하나로 어우러졌다. 그들은 신하들에게 길 찾으라 명하는 대신 내면의 소리에 귀기울인다. 마음속, 그곳에서 그들은 그리움의 별을 보았다. 그리하여 그리움의 여행을 떠난다. 먼 순례의 여정이다. 가다가 지쳐도 가던 길 멈추지 않음은, 그들 마음속의 그리움을 믿는 까닭이다. 별이 가리켜 준 길을 따라 마침내 목적지에 당도한다. 그러나 정확한 목적지를 알기 위해서는 헤로데와도 율법학자들과도 대화할 필요가 있다. 우리는 내면에 귀기울여야 하지만 그 내면의 소리를 대화중에 더 잘 알아들으려면 충고에도 귀기울여야 한다. 여행의 목적지는 마리아와 아기를 만나 그 아기 앞에 엎드려 경배할 집이다. 여정이 끝났을 때 그들이 받을 보상은 없다. 오히려 가지고 온 것

전부를 바칠 따름이다. 목적을 달성했다는 오만도 없다. 엎드려 경배할 뿐이다. 이것이 우리 여정의 역설이다. 자기화의 여정에 진척이 있을수록 우리가 거기서 무엇을 얻었으며 남들 앞에 어떤 모습으로 있는지는 덜 중요해진다. 삶의 신비가 우리를 유혹한다. 그 신비에 접하면 우리는 엎드려 자신을 잊고, 완전히 그 신비에 사로잡혀 참된 우리집에 당도한다. 하느님의 신비 앞에서 끓어엎드려 사람 되신 하느님을 경배하는 곳, 그곳이 진짜 우리집이다.

민간신앙에서 거룩한 삼왕은 여행의 주보 성인으로 사랑받고 있다. 그들은 먼 여행에서도 길 잃은 적이 없었다. 그래서인지 위험투성이 우리 인생길의 동반자라고도 하며 해코지하는 악령으로부터 우리를 지켜달라 청하기도 한다. 또 병자들의 수호 성인이기도 하다. 사람들은 일찍이 그들을 가스파르, 멜키오르, 발타사르라 불렀고, 악령을 막기 위해 이름 첫 글자 C+M+B를 집, 마구간, 광의 문설주에 써 놓곤 했다. 아마 그 이름들은 "크리스투스 만시오넴 베네디캇"Christus mansionem benedicat(그리스도께서 이 집을 축복하실지어다)라는 축복 기도에서 유래했을 것이다. 영혼의 심연에 도사린 불안을 해소시키고 우리를 위험에서 지켜준다는 마술적 지식에 대한 동경을 이 삼왕에다 투사시킨 것이다. ✤

넷째 왕

옛 러시아의 전설은 다른 세 왕과 함께 길 떠났던 넷째 왕 이야기를 전하고 있다. 에차르트 샤퍼Edzard Schaper가 이 전설(『네째 왕의 전설』, 분도출판사 1978 참조 — 역자 주)을 대가다운 필치로 윤색했는데 내용인즉 이러하다: 이 넷째 왕은 왕자 아기께 드릴 선물로 빛나는 보석 세 개를 가지고 갔다. 그는 네 왕 가운데 가장 젊었고, 그래서 누구보다 더 깊은 그리움이 가슴속에 불타고 있었다. 도중에 그는 갑자기 한 아이의 흐느낌 소리를 들었다. "발가벗은 아이가 다섯 상처에서 피 흘리며 대책 없이 먼지구덩이에 누워 있는 것이었다. 기이하게 낯선 모습의 그 아이는 너무도 연약하고 의지할 곳 없어 보여 그 젊은 왕의 마음은 뜨거운 연민으로 가득찼다." 그는 아이를 안고 방금 떠나왔던 마을로 말머리를 돌렸다. 그러고는 양어머니를 구해 귀한 보석들 중 한 개를 건네며 그 아이의 생명을 지켜달라고 부탁한 다음, 길을 재촉했다. 별이 갈 길을 일러주었다. 그 가엾은 아이 때문에 그는 세상 고난이 다 자기 것인 듯 느껴졌다. 한 고을을 지나는데, 이번에는 장례 행렬과 마주치게 되었다. 어느 집의 아비가 죽어 남은 식솔들이 노예로 팔려가야 할 형편이었다. 그는 두번째 보석을 그들에게 주었다.

말을 몰아 가려는데, 별이 보이지 않았다. 행여 소명에 불성실했던 것은 아닌가 싶어 괴로워하는데, 홀연히 그 별이 다시 나타나 비추었다. 별의 인도를 받아 전쟁이 한창인 낯선 마을에 다다르니, 병사들이 고을 남자들을 죽이려고 한데 모으고 있었다. 그는 세번째 보석을 몸값으로 주고 그들을 구한다. 이 순간 별이 보이지 않는다. 그는 거지꼴로 이 마을 저 마을 다니며 핍박받는 사람들을 도왔다. 어느 항구에서는 빚을 갚기 위해 식구들 앞에서 갈레선(18세기까지 지중해에서 주로 노예나 죄수가 노를 저었던 전함 — 역자 주)의 노예로 끌려가는 어느 아버지의 모습을 보았다. 그는 그 아버지 대신 오랜 세월을 노예로 일한다. 이제 그의 영혼에 사라졌던 별이 뜬다. "그 내면의 빛은 이내 그를 넘치게 채웠고, 옳은 길을 가고 있다는 잔잔한 확신이 마음 가득 밀려 왔다." 동료 노예들과 선원들은 이 사람에게 어리는 신비한 빛을 감지했다. 자유의 몸이 된 그는 꿈속에서 다시 그 별을 보았고 음성을 들었다. "서둘러라! 서둘러!" 한밤중에 일어나니 빛나는 별 하나가 그를 큰 도시의 성문으로 인도했다. 군중에 휩쓸려 도달한 곳은 세 개의 십자가가 서 있는 언덕이었다. 그의 별이 가운데 십자가 위에 빛나고 있었다. "그때 십자가에 달린 사람의 시선이 그와 마주쳤다. 이 사람은 지상의 모든 슬픔과 고통을 다 체험했음에 틀림없다, 눈길이 그러하지 않은가. 그러나 무한한 자비와 사랑도 함께! 못에 뚫린 손은 고통스럽게 구부러져 있었다. 그런데 고문당한 그 손에서 돌연 한줄기 빛이 번쩍거렸다. 순간, 깨달음이 번개처럼 왕을 전율케 했다. 여기가 내 평생 순례해 온 그 목적지였구나. 이 사람이 바로 나를 그리움에 병들게 했던, 인간들의 왕, 세상의 구세주시구나. 이분이 수고하고 무거운 짐진 자들을 통해 나를 만나셨구나." 왕은 십자가 아래 무릎을 꿇는다. 그때 그의 손바닥에는 보석보다 빛나는 핏방울 세 개가 떨어졌다. 예수께서 부르짖으며 돌아가실 때 왕도 따라 죽었다. "죽으면서도 그의 얼굴은 주님을 향해 있었고, 별빛 같은 한줄기 빛이 그 얼굴에 서려 있었다."

이 이야기는 읽을 때마다 감동스럽다. 아마 그대에게도 성탄의 신비에 대해 뭔가를 말해줄 것이다. 자주 그대는 빛나는 별을 보면서도 아무것도 깨닫지 못한다.

그대 안이 어두운 까닭이다. 그대가 가는 길이 과연 올바른 길인지 의심스러운가? 그러나 그대가 하느님께서 바라시는 모습으로 삶에 임하고 그대 도상에 둘러선 사람들을 그렇게 대한다면, 또 그대에게 자비가 흘러넘친다면, 언젠가는 그대 안에도 별이 빛날 것이다. 그대가 사랑하고 그들의 그리움에 그대가 응답하는 모든 이들의 얼굴에서 하늘 아기를 발견하게 될 것이다. ⚜

헤로데

마태오의 예수 탄생 사화에서는 헤로데의 역할을 간과할 수 없다. 동방박사들이 예루살렘에 도착해서 새로 태어나신 유대의 왕을 찾자 그는 깜짝 놀란다. 그는 우선 메시아가 어디서 탄생했는지를 알아보기 위해 율법학자들을 모두 불러모은다. 율법학자들은 예언서를 근거로, 그 고을이 베들레헴이라고 헤로데에게 고한다. 그러자 헤로데는 은밀히 동방박사들을 불러 그 별이 언제 그들에게 나타났는지 묻는다. 그러고는 그들을 베들레헴으로 보내면서 이렇게 명령한다: "가서 그 아기를 잘 찾아 보고, 찾거든 내게도 알려 주시오. 나도 가서 경배하겠소"(마태 2,8). 사실 그는 그 아기를 죽이려 한다. 헤로데는 점성가(동방박사)들이 되돌아오지 않은 것을 알

고 몹시 분노하여 베들레헴 일대에 사는 두 살 밑의 모
든 사내아이들을 죽이라 명한다.

  헤로데는 당시 베들레헴에서 태어난 하늘 아기의 적
일 뿐만 아니라, 우리 마음 안에 하느님이 태어나시는
것을 방해하는 적이기도 하다. 헤로데는 감정·관계·
직업을 포함한 모든 것을 혼자 좌지우지하고 주변 사람
들을 통제함으로써 자신의 지배권을 행사하고 싶어하
는 사람을 대표한다. 그는 홀로 지배하려는 "에고"의
상징이다. 그러니 자기의 지배권에 시비를 거는 모든
것과 싸워야 한다. 자기의 통제에서 벗어난 하늘 아기
의 소식에 접하자 헤로데는 격렬한 공포에 사로잡힌다.
우리 안에도 "에고"의 지배권을 전복시키는 것들이 많
다. 마음속 예감, 꿈의 상징, 우리 그리움의 별들 —
이런 것들은 통제가능한 것들에 관한 지식처럼 쉽게 파
악할 수 있고 마음대로 할 수 있는 것이 아니지만, 필
경 더 큰 힘을 가진다. 결국 그것들이 삶을 결정하는
것이다. 그러므로 모든 것을 조종하려 드는 사람에게도
자기 삶을 통제할 수 없는 일이 언제고 한 번쯤은 생길
것이다. 헤로데는 자신의 지식을 증대시키고 지배권을
강화할 목적에 동방박사들을 악용한다. 오늘날에도 자
신의 박학다식으로 불안을 떨쳐버리려는 사람들이 많
다. 아무도 범접지 못하고 누구도 문제를 제기할 수 없
는 그럴싸한 지적 논증이 그래서 그들에게는 필요하다.

그러나 동방박사들은 헤로데의 지배권을 벗어난다. 꿈이 그들에게 다른 길을 일러준다. "에고"는 꿈을 지배할 수 없다. 지식은 꿈을 무력화시키지 못한다. 꿈속에서 하느님 친히 우리에게 말을 건네시며 참삶의 길을 보여주신다. 그 길은 "에고"를 비껴간다.

헤로데는 불안과 열등의식으로 가득찬 사람이다. 동방박사들이 새로 태어나신 유대의 왕에게 경배하려 한다는 소식에, 깜짝 놀라 혼란에 빠진다. 한 아기가 그의 통치권을 뒤흔들지도 모른다는 불안을 느낀 것이다. 어쨌든 그것은 역설이다. 군사력으로 무장한 왕보다 큰 권세가 구유의 작고 연약한 아기에게 감추어져 있다니! 왕의 통치권을 강화하는 데는 힘이 필요하다. 통치권이 없으면 그는 아무것도 아니다. 무너지고 만다. 역사에 따르면 그의 음모는 헛일이었고, 그는 처참히 파멸했다. 5세기의 어느 교부가 강론에서 헤로데를 두고 한 말은 바로 그런 의미다: "그대는 아이들의 몸을 죽였지만 두려움은 그대 영혼을 죽였소." 자기 안에 있는 아이의 숨통을 죄는 사람은 자신의 편협함에 질식한다. 자기 통치권을 벗어난 모든 것에 대한 불안으로 치를 떠는 사람은 그 불안에 진이 다 빠진다. 밖으로 드러내어 남을 두렵게 만드는 분노는 기실, 내적 자기 기만과 허망한 삶의 구조에 대한 실망의 표출이다. 우리가 어렵사리 세웠던 그 건물도 따지고 보면 새롭고 예측할 수 없는 모든 것을 엄폐하기 위함이었다.

틀림없이 그대는 그대 안에도 어떤 헤로데가 있다는 것을 알고 있다. 이 이야기는 그대 안의 헤로데를 폭로하는 것인데, 그것은 그대가 그대 안의 그를 죽이도록 하기 위해서가 아니라 화해하도록 하기 위해서이다. 그대가 그의 존재를 시인할 때 비로소 그대는 그와 화해할 수 있고, 그럼으로써 그를 무력화시킬 수 있다. 아무리 작아 보여도, 그대 안에 있는 하늘 아기를 믿어라. 그대는 가치있고 유일한 존재라고, 그래서 안주하고 적응하는 데만 만족해서는 안된다고 이르는 내면의 소리를 믿어라. 그대 안에 새로운 것이 터져나오려 한다. 그대 꿈의 예시, 정적 가운데 마음에 떠오르는 나지막한 충동이 그대에게 사람됨의 길을 가르쳐 주고 있다. 그대의 "에고"로 모든 것을 통제하려 한다면 그대는 사람이 될 수 없을 것이다. 그대 안의 하늘 아기에게, 하느님이 그대 안에 일구시려는 그 새것에 든든한 여지를 마련해 드릴 때만 그대는 사람이 된다. 그대를 자유인으로, 왕으로, 진정한 자아로, 하느님이 바로 그대 안에 구현하시려는 유일무이한 모습으로 만들 메시아가 그대 안에도 태어날 것이다. ⚜

황금 · 유향 · 몰약

동방박사들은 보물상자를 열어 황금과 유향과 몰약을 아기에게 바친다. 예부터 이 세 선물의 의미는 여러 관점에서 해석되어 왔다. 2세기에 리옹의 이레네오는, 황금은 아기의 왕다운 위엄을, 유향은 신성을, 몰약은 십자가상의 죽음을 표현하는 것이라고 보았다. 칼 라너에게 황금은 우리의 사랑을, 유향은 우리의 그리움을, 몰약은 우리의 고통을 의미했다. 그는 그 선물이 하늘 아기의 신비를 상징하는 것이 아니라, 사람 되신 하느님께 드리기에 합당한 우리의 희생, 인간으로서의 우리의 자세를 상징하는 것이라고 보았던 것이다. 『황금 성인전』의 해석은 또 다른데, 황금은 마리아의 가난 때문에, "유향은 마구간의 악취를 없애기 위해서, 몰약은 아기의 몸을 튼튼하게 하고 해충들을 몰아내기 위해서"
바쳐졌다고 한다. 또 황금은 신성을, 유향은 경건한 영
혼을, 온갖 더러움에서 보호해 주는 몰약은 순결한 몸
을 상징하기도 했다. 어쨌거나 분명한 것은, 옛 사람들
은 그 선물에 자기들의 온갖 상상을 투사시키는 데 기
쁨을 느꼈다는 것이다.

황금은 늘 매혹적이었다. 고대인들은 신들의 금빛 광
채에 대해 이야기했다. 알렉산드리아의 클레멘스에게
불멸의 말씀으로서의 그리스도의 지혜는 제왕의 황금
이었다. 황금은 불로 정련된다. 황금에는 아무것도 섞
일 수 없다. 예부터 황금은 제식에 사용되었다. 황금은
구유에 누운 아기의 신성뿐만 아니라, 우리 영혼의 금
빛 광채도 가리킨다. 우리는 지상의 인간이자 하늘의
인간이다. 우리 영혼은 하느님의 금빛 광채를 반영하
며, 우리 얼굴에는 하느님의 영광이 빛난다. 영혼을 통
해 우리는 하느님의 광채를 나누어 가진다.

유향은 여러 문화권에서 기분 좋은 방향제로 쓰인다.
하늘로 피어오르는 유향은 하느님께 오르는 우리의 기
도와, 일상을 넘어서는 우리의 그리움을 상징한다. 그
리움은 유향처럼 하늘로 피어오른다. 그리움이 지상에
머물 수는 없다. 그리움은 유향처럼 가벼워 어떤 닫힌
문도 뚫고들어온다. 우리 마음을 열어 넓힌다. 유향 냄
새는 그윽하여 우리 삶을 신비의 향기와 하늘의 맛으로

가득 채운다. 아토스 산에 갔을 때, 나는 그곳의 독특한 유향 냄새에 매료된 적이 있다. 교회는 이런 향기를 풍긴다. 맡는 즉시 신비·고향·안전·그리움·사랑의 감정이 피어오른다. 유향은 다 탄 후에도 방안 가득 독특한 향취를 남긴다. 나는 그것을 깨인 의식으로 들이마시며 하늘의 맛에 취한다. 어떤 향은 맡는 순간 내 안에 있던 지난날의 진한 감정을 되살려낸다. 건초 내음을 맡으면 휴가가 생각난다. 휴가에 대한 기억은 머리 속에만 들어 있는 것이 아니라 온몸에 스며 있다. 유향도 그와 같다. 거기서 나는 하느님의 신비한 현존의 향기를 제대로 맡는다. 온몸으로 그분의 현존을 감지하는 것이다.

고대인들에게 몰약은 낙원의 풀이었다. 그것은 우리 모두가 그리워하는 낙원의 상태를 가리킨다. 몰약은 동시에 우리 상처의 치료제다. 몰약을 선물함으로써 우리는 상처를 하느님께 내보인다. 우리의 가장 소중한 것, 인생사의 숱한 상처들을 바치는 것이다. 상처는 우리를 헤집었고 우리가 누리는 외적 풍요로부터 멀어지도록 강요했다. 하지만 우리가 가진 가장 소중한 것은 사랑할 수 있는 마음이다. 상처는 우리를 우리 마음과 만나게 한다. 부서지고 상처입은 마음을 우리는 하늘 아기에게 바친다. 그분이 그 상처들을 치유하여 변화시킬 것이라는 믿음이 우리에게 있다. 우리가 하늘 아기게

우리의 상처입고 부서진 인생사를 내드리면, 모든 것이
잘될 것이라는 느낌이 온다. 더이상 상처를 원망하지
않는다. 우리는 하늘 아기가 비추는 사랑의 빛으로 상
처입은 자신을 내맡기자. 안팎의 어떤 어려움에도 우리
는 낙원에 있다.

그대의 지금 상황에 어울리는 선물을 찾아 하늘 아기
께 바쳐라. 그리곤 제일 마음 끌리는 상징에 그대를 맡
겨라. 그것이 그대를 아기에게 인도할 것이다. 그 상징
은 그대가 아기 앞에 엎드리고, 아기 곁을 제집처럼 느
끼며, 자신을 잊고 주위로부터도 자유로워질 수 있도록
해준다. 자기를 잊을 때 그대는 온전히 그대 자신이 되
어 참자유를 누릴 것이다. ⚜

주님 공현

동방교회의 성탄 대축일은 1월 6일 주님 공현 대축일이었다. "공현"Epiphanie이란 "나타남"이다. 고대 이교도 문헌에서는 이를 구원의 신이나 통치자가 나타나는 것이라 했다. 동방교회는 그리스도교의 주님 공현 축일을 이교도 태양신 아이온의 탄생 축일과 결합시켰는데, 그가 처녀 코레에게서 태어났다는 1월 5~6일은 알렉산드리아의 축제날이었다. 1월 5일부터 6일 사이 사람들은 밤새도록 깨어 노래를 부르고 피리를 연주했다. 그러다가 새벽닭 울 때쯤 어두컴컴한 동굴로 내려가 아이 하나를 데리고 나왔는데, 그것은 "낮이 제일 짧은 날의 태양이 꼭 어린아이처럼 보여서였다"(Macrobius). 그리스도교 신자들은 "작은 태양 아기"가 아니라 진정한 태

양, 베들레헴 동굴에서 아기로 오신 예수의 탄생을 공
경했다. 그리스인들에게 공현은 신의 탄생일이었다. 그
리스도께서 육신을 통해 오신 것은 그리스도교 신자가
생각할 수 있었던 최상의 공현이었다.

초기 교회는 주님 공현 축일로 그리스의 디오니소스
축제에 응답했다. 디오니소스는 포도주의 신이었다. 축
제 전날 밤(1월 5일과 6일 사이) 디오니소스 신전에 갖다 둔
물항아리 세 개가 이튿날 아침이면 포도주로 가득찬다.
초기 교회의 주님 공현 축일은 아기에게 경배를 드린
동방박사들뿐 아니라, 예수의 세례와 가나의 혼인잔치
도 함께 기억하는 날이었다. 하느님의 영광은 세 차례
에 걸쳐 나타났다: 온 세상에(동방박사들의 경배), 피조물의
구성 요소에(요르단 강에서의 예수의 세례), 그리고 인간의 사랑
에(가나의 혼인잔치). 이는 철학과 태양신 아이온의 숭배, 그
리고 디오니소스 축제로 표출된 그리스인들의 그리움
에 대한 응답이었다. 디오니소스는 우리를 현세에서 끌
어내어 삶에 새롭고 강렬한 맛을 내는 도취의 상징이
다. 하느님이 사람이 되심으로써 우리 삶은 새 맛을 얻
었다. 이때 물(인간적 삶)이 포도주로 변화된 것이다. 초기
교회는 그리스 종교의 그리움을 받아들이면서 한편으
로는 예수의 탄생을 알리고 찬양했다. 그리하여 당시
사람들은 이 나자렛 예수를 통해 가장 깊은 그리움이
충족되리라고 생각했다. 디오니소스 종교는 정신적인

것과 육체적인 것, 신비와 에로스를 결합시키려 했다. 하느님이 예수를 통해 우리와 혼인하셨으니, 그분은 영원히 우리와 결합되셨다. 디오니소스 종교가 변질되어 너무 격렬하고 방탕해지자 자연히 오르페우스 숭배로부터 분리되었다. (초기 교회는 그를 그리스도의 전형으로 인식했다.) 오르페우스가 노래를 하면 호랑이와 사자, 양과 늑대들이 순하게 그 곁에 엎드렸다. 예수를 통해 이 낙원의 약속은 진실이 되었다. 그의 구유 옆에 소와 나귀들이 있지 않은가. 예수는 새로운 사랑 노래를 부른다, 내적으로 분열된 사람들에게 사랑과 성, 정신과 욕망, 신과 인간의 통일을 기약하는 새로운 사랑 노래를.

이미 신약 후기 문헌은 예수 그리스도를 통한 하느님의 강생을 주님 공현으로 묘사하고 있다. 디도서는 이렇게 말한다: "과연 모든 사람을 구원하는 하느님의 은총이 나타났습니다"(디도 2,11). 하느님의 사랑이 예수 그리스도를 통해서 가시화되었다. 감각에 나타나는 것만이 마음을 움직이고 변화시킬 수 있다. 사고에만 호소하는 말은 우리 존재의 모든 층을 통틀어 구원할 힘이 없다. 우리가 자신을 새로운 인간으로 경험하는 데는 하느님의 영광이 가시화되어야 한다. 그렇다, 디도서는 성탄의 신비를 이렇게도 표현하고 있다: "구원자이신 하느님의 자애와 인간애가 나타났습니다"(디도 3,4). 이

문장은 가톨릭 철학자 페터 부스트Peter Wust의 마음에 강한 충격을 주었다. 나치의 고문으로 중태에 빠져 병석에 누웠을 때, 그는 이 문장을 학생들에게 성탄 메시지로 보냈다. 그리스도의 탄생으로 진정한 인간성이, 하느님의 인간애가 나타났다는 것이 비인간적인 제3제국 치하에서도 그에게 위로가 되었다. 그는 하느님의 이러한 인간애가 안팎의 모든 폭력을 파하고 성취될 것이라 믿었다.

주님 공현 대축일에 우리는 하느님의 영광이 우리 몸에 나타남을 기린다. 피정중에 우리는 이 축일의 지향을 진지하게 받아들였다. 우리는 하느님의 영광이 내 몸에 나타났다는 것이 무슨 뜻인지, 하느님의 광채가 여기 이 지상에 나타난 곳이 내 몸이라는 것이 무엇을 말하는지 종일토록 묵상하며 신체적 수행을 통해 느껴 보려 애썼다. 그리 자주 고통당하는 내 몸에 하느님의 아름다움이 빛난다는 것이 사실이라면 어떻게 그것을 체험할 수 있을까? 형제자매의 얼굴에서 하느님의 얼굴이 내게 빛을 발하고 있다는 것을 믿는다면 나는 그들을 어떻게 바라볼 것인가? 『나는 고요에 귀기울였다』라는 책에서 헨리 나웬Henri Nouwen은 수도원장이 그에게 묵상거리로 주었다는 말을 인용한다: "나는 하느님의 영광입니다." 그는 이 말을 종일토록 묵상했다고 한다. 아마 그때 그는 자기가 실제로 누구인지를 체험했으리

라. 하여, 이 축일은 그대로 하여금 하느님의 영광이 그대 몸에 나타남을 바라보며 그대 몸의 신비를 알게끔 할 것이다. 이 축일은 "그대 자신을 알라!"라는 오랜 그리스적 요구에 진정한 답을 내리고 있다. 그대 안에서 하느님을, 하느님 안에서 그대를 발견할 때, 그대는 그대 자신을 알 것이다. 그대의 몸이 하느님의 영광을 위해 두루 빛나고 하느님 공현의 장소가 될 때, 그대는 참사람이 될 것이다. ⚜

주님 세례

주님 세례 축일에 우리는 하느님 강생의 또다른 측면을 기린다. 하느님은 몸에만 나타나신 것이 아니라, 피조물의 구성 요소에도 나타나셨다. 예수께서는 요르단 강으로 내려가심으로써 피조물을 거룩하게 하셨다. 물이라는 원소元素를 통해 세상 만물이 하느님과 접한다. 이제 하느님은 만유에 계시다. 이콘은 요르단 강에서의 예수의 세례를 묘사할 때 언제나 강의 신들도 함께 그려 넣는다. 그들도 예수의 세례로 거룩하게 되었다. 하느님 친히 당신 피조물 속으로 내려오신 것이다. 이제 그분을 도처에서 발견할 수 있다, 물의 힘에서, 꽃의 아름다움에서, 그리고 산의 장엄함에서. 그렇게 세계의 구성 요소들이 하느님을 전할 수 있다. 세례수는 우리 안에 솟는 성령의 신적 원천에 우리를 참여시킨다. 주님 세례 축일에 축성되는 성수는 하느님의 생명의 샘이 우리 안에도 흐르고 있음을 날마다 기억하게 한다. 초기 교회 때 사람들은 주님 세례 축일에 이교도의 "물 긴기" 풍습을 넘겨받았다. 길어온 물을 집과 배에 뿌림으로써 재앙이나 위험을 막기 위해서였다.

예수께서는 사람들이 죄를 씻는 곳, 요르단 강물 속으로 들어가셨다. 이것이 예수가 받은 세례의 또다른 측면이다. 말하자면 그분은 인류의 죄로 가득찬 요르단 강에 서 계신 것이다. 그분은 우리 죄인들과 연대하고 계시다. 물 속에 서 계시는데, 위로 하늘이 열리며 소리가 울려 퍼진다. "너는 내 사랑하는 아들, 나는 너를 어여삐 여겼노라." 이는 그대에게도 마찬가지다. 그대가 죄와 불안의 강에서 하늘을 올려다보면, 그대 위에도 하늘이 열린다. 그대의 마음이 넓어질 것이다. 이제는 죄책감으로 자신을 갈가리 찢지 마라. 그대는 열린 하늘로부터 그대에게 무조건적 존재 권리를 약속하시는 하느님의 말씀을 듣는다. "너는 내 사랑하는 아들이며 딸이다. 나는 너를 어여삐 여기며, 너를 있는 그대로 사랑한다. 네 스스로 너를 정당화할 필요가 없다. 존재 권리를 얻는 데 네가 스스로 대가를 지불할 필요도 없다. 내가 너를 좋아하므로 너는 존재할 권리가 있는 것이다. 있는 그대로의 네가 내 마음에 든다."

　예수의 세례는 그대 자신의 세례를 기억하게 한다. 그때 그대는 놀라운 전례를 통해 그리스도교적 삶의 신비 속으로 봉헌되었다. 그대는 그리스도처럼 왕으로, 예언자로 그리고 사제로 "기름부음"받았다. 그대는 왕이다, 다른 사람에 이끌리지 않고 스스로 사는 사람이다. 그대는 예언자다, 자기만이 표현할 수 있는 뭔가를 자기 존재로 알리는 사람이다. 그대는 사제다, 하느님과 세상을 결합시키고, 세속적인 것을 신적인 것으로 변화시키며, 하느님의 영광을 위해 인간으로서의 삶을 변화시키는 사람이다. 그대는 세례를 받았다. 그대가 스스로 대가를 지불해 가며 존재 권리를 얻을 이유가 없다. 그대는 조건없이 받아들여지고 사랑받고 있다. 주님 세례 축일은 그대에게 이러한 진리를 말로만 전하려는 것이 아니라 그대 가슴에, 그대 무의식 깊은 곳까지 새기려 한다. 의식적인 것과 무의식적인 것, 힘과 약함, 사랑과 죄, 이 모든 그대 모습과 함께 조건없이 그대를 받아들이고 사랑할 수 있도록, 이 진리를 그대의 요르단 강물 깊은 곳까지 밀어넣으려 한다. ✿

가나의 혼인잔치

초기 교회는 주님 공현 대축일(1월 6일)에 이미 가나의 혼인잔치를 염두에 두고 있었다. 말하자면 요한 복음의 신학을 이해했던 것이다. 요한은 예수께서 가나의 혼인잔치에서 행한 표징을 들어 육화의 신비를 상징적으로 표현하고자 했다. 하느님이 사람이 되시면 그분은 우리와 결혼하는 셈이다. 동화에서도 결혼은 늘 인간에 내재하는 모든 대립의 통일, 자기화의 완결을 상징한다. 하느님이 인간과 결혼하시면, 현존하는 가장 큰 대립들이 결합된다. 그것은 하느님과 인간, 하늘과 땅, 정신과 물질, 물과 포도주의 결합이다. 신랑 신부가 결혼하여 한 몸을 이루듯, 하느님은 육화를 통해서 영원히 인간과 결합하셨다. 변덕스럽고 덧없는 인간의 본성과 관계맺는 모험을 그분은 감수하셨다. 쇠렌 키에르케고르의 성탄 동화에는 이러한 하느님의 모험이 적절한 비유로 그려져 있다. 왕은 거지 소녀를 사랑하여 그녀와 결혼하고 싶어한다. 어떻게 하면 그 소녀에게 은인이 아니라 미천한 신분의 사람으로 보이게 할 수 있을까, 그래서 곰곰이 생각한다. 그렇지, 좋은 생각이 떠올랐다. 바로 자신이 거지가 되는 것이다. 사랑으로 거지 소녀를 행복하게 하고 그녀가 나를 자기와 같은 사람으로 느끼게 하려면 거지로 변장만 할 것이 아니라 진짜 거지가 되어야 한다!

참된 사랑은 이래야 가능하다. 하느님은 당신의 육화를 통해 이런 사랑을 탁월한 방식으로 실천하셨다. 그분은 우리를 위해 거지가 되셨고 아기가 되셨다. 당신의 신적인 사랑을 영원토록 우리에게 베푸실 때, 우리가 너무 작게 느끼지 않도록 해주시려고.

예부터 결혼이란 기쁨과 두려움의 감정이 뒤섞인 것이었다. 두 사람이 만나 영원히 함께 간다는 것, 남자와 여자가 한 몸을 이룬다는 것은 여전히 하나의 신비다. "혹흐차이트"Hochzeit(결혼)라는 말 자체가 이미 특별한 의미를 담고 있다. 남녀의 결합을 서로 축하하는 이 날, "혹흐차이트"는 "호헤차이트"hohe Zeit(지고의 시간)이자 동시에 "페스트리헤차이트"festliche Zeit(축제의 시간)이다. 혼인 잔치에는 모든 이의 기분을 한껏 띄워줄 포도주가 반드시 있어야겠다. 그래서 그들이 일상의 골짜기를 벗어나 신랑 신부가 꿈꾸는 영원한 행복에 몰입할 수 있어야겠다. 하지만 하객들은 그 축제의 약속이 지켜지지 않을 수 있다는 것도 안다.

요한은 복음서는 이러한 경험을 전하고 있다. 혼인잔치는 당초에 약속한 바를 이행하지 못한다. 포도주는 동났고 사랑은 넉넉하지 않았다. 며칠이 고작이었다. 그렇다면 다시 물에, 이미 있는 돌항아리에 의지하는 수밖에 없다. 삶이 다시 경직되고 돌처럼 굳어졌다. 물항아리는 원래 유대의 정결규정에 따라, 씻는 데 쓰일 것이었다. 생기발랄했던 신혼이 금방 지나면 삶은 다시 관습과 강요된 의례로 굳어지고, 그것은 삶이 아니라 경직과 권태일 따름이다. 그때 예수께서는 어머니의 청을 받고 여섯 항아리의 물을 포도주로 변화시키신다. 여섯 항아리는 디오니소스 신전에 놓였던 세 항아리의 갑절이며, 미완의 수 6을 나타낸다. 6 그 자체는 노동과 수고의 수이나, 현세적인 것과 인간적인 것을 결합시키는 완전의 수 7을 암시하고 있다. 여섯 개의 항아리가 암시하는 일곱째 항아리는 바로 예수의 마음이다. 그 마음이 십자가상에서 열려 하느님 사랑을 만인에게 쏟으신 것은 그들과 영원히 혼인하기 위함이다.

하느님의 육화를 통하여 우리 삶이라는 물이 포도주로 변화되었다. 우리의 삶이 새로운 하늘의 맛을 얻은

것이며 바로 그것이 우리를 "취하지 않은 명정"醉酊, sobria
ebrietas(Ambrosius)에 들게 한다. 그것은 취해서 깨지 못할
몽환이 아니라, 이 삶의 골짜기를 넘어 나와 늘 즐겨도
좋을 만한 도취이다. 우리는 하느님이 주시는 사랑의
포도주를 마시지만 디오니소스의 잔을 들 때처럼 만취
하는 법이 없다. 하느님의 육화를 통해 우리 안에 흘러
든 사랑은 마음을 넓히며 삶에 궁극의 의미를 부여한
다. 사랑받고 사랑할 수 있음에 대한 갈망이야말로 모
든 사람들이 간직한 가장 절실한 갈망이기 때문이다.
육화를 통해 하느님은 우리 인간과 거룩한 혼인으로 영
원히 결합하신다. 그리하여 사랑에 무능했던 우리도 스
스로 사랑이 된다. 이제 우리가 사랑할 수 있음은, 사
랑의 샘, 하느님 친히 우리 안에 계시는 까닭이다.⚜

주님 봉헌

5세기 이후 예루살렘에서는 성탄 후 40일에 고유한 축제를 지냈는데, 이름하여 만남의 축일 혹은 정화淨化의 축일이라 했다. 로마에서는 이날을 예수께서 성전에 나타나신 날로 기념하였고, 민간신앙은 이 축일을 마리아와 관련지어 성모 정결례 축일이라 불렀다. 과거에는 이 축일이 성탄시기의 끝이었다. 전례 개혁은 성탄시기를 단축하여, 요즘은 주님 세례 축일이 끝이다. 로마에서는 주님 봉헌 축일에 장엄한 촛불행렬이 거행되었다. 로마에서 보통 2월 초에 열렸던 이교도의 정화행렬을 교회가 이어받지 않았나 한다. 이 또한 이 축일의 이교도적 연원을 엿볼 수 있는 대목이다. 이는 이 축일이 (당시) 그리스도교 신자들에게 원형적 의미를 갖고 있었다는 것을 보여준다. 그렇다면 이 축일이 오늘을 사는 우리에게 주는 의미는 무엇일까?

이날은 마리아와 늙은 시므온과의 만남의 축일이다. 시므온은 아기를 팔에 안고 하느님을 찬양하며 이렇게 말한다: "과연 제 눈으로 당신의 구원을 보았사오니, 이는 친히 모든 백성 앞에 마련하신 바, 이방 민족들에게는 계시하는 빛이요, 당신 백성 이스라엘에게는 영광이로소이다"(루가 2,30-32). 나는 바하의 「칸타타」 "나는 만족하나이다"를 들으며 이날을 기념한다. "나는 만족하네, 구세주를, 믿는 자들의 희망을, 내 간절한 팔에 안았으니. 나는 만족하네! 그분을 보았네, 믿음으로 예수를 마음에 새겼네." 대충 이런 내용인데, 여기서 성탄 후 40일째 맞는 이 축일의 목적이 분명히 드러난다. 내가 이 주간에 예수를 진실로 묵상하며 팔에 안는다면, 나는 만족할 것이며, 여지껏 집착하던 많은 것들을 놓아버릴 수 있을 것이다. 성탄은 나를 일상 속으로 놓아준다. 나는 마음속 그리스도와 함께 내 일상을 지금까지와는 다른 방식으로 헤쳐나갈 것이다.

전례는 이 축일의 또다른 측면을 노래로 표현한다. 촛불행렬 때 부르는 「안티포날레」를 들어보자. "시온아, 네 신방을 꾸미고 그리스도 왕을 맞이하라. 마리아, 하늘의 문을 품에 안아라. 그녀가 영원한 빛의 왕을 잉태했나니." 이 축일은 우리 마음 내면의 방에 그리스도를 맞아들이게 한다. 우리 마음이 신방이다. 우리가 그리스도를 우리 영혼의 성 내실로 드시게 함으로써, 하느님과 인간의 혼인이 성사된다. 아빌라의 데레사는 이를 "영혼의 신방"이라 했다. 이것이 이 축일의 촛불행렬로 표현된다. 성찬례 시작 무렵, 교회 안은 아직 어둡다. 사제가 초를 축성하고 불을 붙이면, 다들 불 켜진 초를 들고 교회로 들어간다. 이는 예수 그리스도의 빛이 우리 마음의 성전에 들어와, 아직 어둡고 구원받지 못한 모든 것을 비춤을 상징한다.

오늘날 많은 공동체들이 이 축일을 새로운 방식으로 지내려 한다. 이 축일이 우리 삶에 뭔가 본질적인 것을 말하고 있다고 느끼기 때문이다. 성탄절에 세상을 비추었던 그 빛을 위해 그대 삶의 새 공간을 늘 열어 두라. 이제 성탄의 빛이 그대를 일상으로 보낸다. 그대의 일, 가정 생활, 교회 공동체, 정치 참여에 이르기까지, 삶의 전 영역을 그 빛으로 밝혀야 할 과제가 그대에게 주어졌다. 시므온의 찬가처럼, 성탄의 빛은 오늘날에도 이방인들을 비추어야 한다. 오늘날에도 그대 안팎의 세상이 사랑의 빛으로 충만해야 한다. 그래서 만인이 자기의 가장 깊은 소망을 충족시킬 구원을 목전에 두고 보아야 한다. ✤

마무리

지금까지 우리는 대림과 성탄시기의 상징들을 함께 살
핌으로써 우리의 원초적 불안, 근원적 동경과 접했다.
그것들은 암흑과 한파의 악령들이 가하는 위협을 보여
주기도 하지만, 불안의 치유, 삶의 해방과 변화도 암시
한다. 어둠 속에 빛이 퍼지고 하느님 친히 사람이 되신
까닭이다. 성탄의 상징들은 우리 존재의 근간을 뒤흔든
다. 그것들은 단순한 관심거리가 아니라 우리를 존재의
근원으로 다가가게 하는 것이다. 그리고 지금도 우리
영혼에 깊이 각인되어 있는 먼 옛날을 되돌아보게 한
다. 이러한 상징들을 통해 접하는 것은 단지 개인의 불
안과 소망만이 아니다. 그것들은, 우리가 당면한 문제
들에만 봉착해 있다고 여길 때조차 현재의 삶에 지속적

인 영향을 미치는 집단 무의식에서도 표출된다. 우리 영혼은 원형적 상징들을 통해 근원적으로 치유되고 싶어한다. 대중요법에 그치지 말고 상징을 통해 우리에게 흐르는 신적 치유력의 목욕물 속에 깊이 잠길 일이다.

그러니 일부러라도 만사를 끊고 세밑 한동안을 값진 침잠의 시기로 삼음이 뜻깊지 아니한가. 우리는 본래 누구이며 어디서 왔는지, 삶은 어떠해야 하는지, 우리를 위협하는 것은 무엇이고 치유하는 것은 무엇인지, 불안케 하는 것은 무엇이고 존재에 신뢰를 부여하는 것은 무엇인지, 모든 상징을 동원해 묵상해 보라. 새해를 시작하면서 삶이 새로워지고 나아질 것을 믿을 때마다, 우리는 성탄 축제의 상징들을 통해 삶의 근원에 관심을 기울이게 된다. 하여, 삶이 심연에서부터 새로워지도록, 하느님으로부터 흘러 결코 마르지 않을 것이기에 늘 물 길을 수 있는 샘이 우리 안에 다시 흐르도록. 깊은 데서, 영육의 전 영역에서, 내면의 심연에서, 악령에 관한 이교적 지식과 마술적 사고 유형에서 출발하여, 원초적 불안과 근원적 동경들을 고려할 때만, 새로운 시작은 성취될 것이다. 심연에 침잠하지 않으면 삶의 변혁도 없다.

이 상징들이 그대의 삶을 새로운 눈으로 바라보는 데 도움되기를 바란다. 그것들은 그대로 하여금 대림과 성탄시기를 더 진하게 체험하고 더 의식적으로 경축하게 할 뿐 아니라, 일년 내내 그대를 동반할 것이다. 그대는 이 50가지 이야기 가운데 하나를 골라 하루나 한 주간의 묵상거리로 삼아도 좋겠다. 그 상징은 그대의 삶을 새롭게 열어 줄 것이며, 그대가 본래 누구인지, 그대 안에 어떤 가능성이 숨어 있는지, 그대가 어떤 존엄을 지니고 있는지 일러줄 것이다. 그것은 또 그대가 만나는 사람들의 신비에 눈뜨게 해줄 것이다. 그들에게서 그대는 권태와 피폐, 음울과 해악만이 아니라, 만인의 얼굴에서 (아직은 숨어) 빛나는 하느님의 광휘도 보게 될 것이다. 그리고 그대는 주위의 피조물을 새롭게 체험할 것이다. 그들에게서 그대 삶의 신비가 빛날 것이다. 태양, 별, 숲, 초원, 물, 도처에서 그대는 하느님을, 사람으로 세상에 오셔서 세상을 뿌리째 변화시키고 성화聖化시키신 하느님을 알아볼 것이다. 이 상징들을 대림과 성탄시기뿐 아니라 한 해 내내 동반자로 받아들여라, 그대가 나날이 새로운 시작의 축제를 즐길 수 있도록, 하느님이 그대의 시간에, 몸에, 영혼에 오실 때 친히 그대 안에 예비하신 그 시작의 축제를!✤

참고 문헌

Anselm Grün / Michael Reepen, *Heilendes Kirchenjahr*, Münsterschwarzach 1985.

Neige das Ohr deines Herzens. Worte, die zur Lust am Leben führen, hrsg. v. Mönchen der Abtei Münsterschwarzach, Münsterschwarzach 1998.

Photina Rech, *Inbild des Kosmos*, Bd. II, Salzburg 1966.

Karl Rahner, *Kleines Kirchenjahr*, München 1953.

Ulrich Riemerschmidt, *Weihnachten. Kult und Brauch – einst und jetzt*, Hamburg 1962.

Richard Pinzl / Gustl Tögel, *Der Christbaum*, München 1968.

Carl Gustav Jung, *Der Mensch und seine Symbole*, Olten 1968.

Die Legenda aurea des Jacobus de Voragine, übers. v. Richard Benz, Köln 1969.